Saba MBoundza

17 Dinge,
die wir von
80-Jährigen
lernen können

Bibliografische Information der Deutschen Nationalbibliothek:
Die Deutsche Nationalbibliothek verzeichnet diese Publikation in der Deutschen Nationalbibliografie. Detaillierte bibliografische Daten sind im Internet über http://dnb.d-nb.de abrufbar.

Für Fragen und Anregungen:
info@mvg-verlag.de

1. Auflage 2018

© 2018 by mvg Verlag, ein Imprint der Münchner Verlagsgruppe GmbH
Nymphenburger Straße 86
D-80636 München
Tel.: 089 651285-0
Fax: 089 652096

Alle Rechte, insbesondere das Recht der Vervielfältigung und Verbreitung sowie der Übersetzung, vorbehalten. Kein Teil des Werkes darf in irgendeiner Form (durch Fotokopie, Mikrofilm oder ein anderes Verfahren) ohne schriftliche Genehmigung des Verlages reproduziert oder unter Verwendung elektronischer Systeme gespeichert, verarbeitet, vervielfältigt oder verbreitet werden.

Redaktion: Antje Steinhäuser
Umschlaggestaltung: Marc-Torben Fischer, München
Umschlagabbildung: © Saba MBoundza
Satz: Röser MEDIA, Karlsruhe
Druck: Florjancic Tisk d.o.o., Slowenien
Printed in the EU

ISBN Print 978-3-86882-843-6
ISBN E-Book (PDF) 978-3-96121-081-7
ISBN E-Book (EPUB, Mobi) 978-3-96121-082-4

Weitere Informationen zum Verlag finden Sie unter

www.mvg-verlag.de
Beachten Sie auch unsere weiteren Verlage unter www.m-vg.de

Saba MBoundza

17 Dinge, die wir von 80-Jährigen lernen können

Inhalt

Vorwort — 9

Verantwortung
Armin Lufer — 13

Zielstrebigkeit
Maria Vaidas-Trilling — 21

Altruismus
Helga Thurmann — 31

Selbstvertrauen
Ingrid Schippke — 41

Kommunikation
Heinrich und Brigitte S. — 51

Intuition
Mansha Ram Singh — 63

Risikobereitschaft
Hans-Walter Rudloff — 71

Einsicht
Rudolf Höll — 83

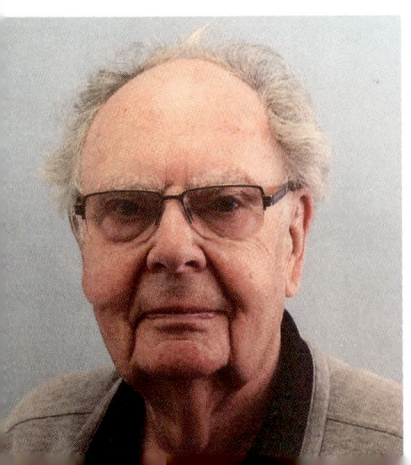

Selbstzweifel
Helga Lüsebrink   91

Aussprache
Wolfgang und Ursula Grabowski   101

Durchsetzungsfähigkeit
Sonja Cantow   111

Geduld
Hannelore Gerosch   121

Widerstandsfähigkeit
Marianne M.   133

Nachdruck
Dr. Rolf Donner   145

Offenheit
Helga Behrendt   151

Durchhaltevermögen
Erna Hempel   157

Optimismus
Irena Malawska-Patzer   169

Vorwort

Berlin, 3. Oktober

Drei Tage, bevor ich dieses Vorwort geschrieben habe, ist meine Oma gestorben. Ich kannte sie nicht sehr gut – so wenig sogar, dass ich gar nicht weiß, wie sie eigentlich hieß. Ich weiß, dass sie gerne Ingwersaft getrunken hat, der in Brazzaville damals in kleinen Tütchen abgepackt als Trinkpäckchen verkauft wurde. Weil ich dessen Geruch als Kind als so durchdringend empfand, mag ich heute keinen Ingwer. Ich habe mit Oma nie ein Wort gewechselt. Nicht ein einziges. Das lag zum einen daran, dass ich in Berlin aufgewachsen bin und sie dreimal in meinem Leben gesehen habe – als Kind, bevor der Bürgerkrieg ausbrach, und lange Zeit später, nach dem Studium. Dass wir uns nie unterhalten haben, lag zum anderen daran, dass sie aus dem ländlichen Kongo stammte und weder Französisch, noch Lingala sprach, wie es in der Hauptstadt üblich ist. Ich dachte mir immer, wenn dieses Buch erst fertig ist, dann plane ich einen Besuch in Brazzaville, um die Oma mal wieder zu sehen.

Ihr Tod macht mich nicht sehr traurig. Viel mehr tut es mir leid, dass mir die Mutter meines Vaters so fremd war. Ich kenne viele Leute, die ohne Großeltern aufgewachsen sind, sie zeitig verloren haben oder ihnen nicht nahestehen. So viele, dass es mir nicht leicht fiel, Interviewpartner für dieses Buch zu finden. Ich bin also bestimmt nicht die einzige, die nicht so recht weiß, mit einem solchen Verlust umzugehen, der keiner ist. Doch sind es die Einblicke, die mir die Menschen in diesem Buch gewährt haben, durch die mir klar wurde, wie viel mir entgangen ist, weil mir meine Oma bis zu ihrem Tod fremd blieb. Denn die Distanz, die wir zu anderen Menschen haben, ist gar nicht so groß, wie wir denken.

Als ich angefangen habe, mit Menschen der Generation meiner Großeltern zu sprechen, hatte ich gerade mein Studium in Paris abgeschlossen. Nach meiner Rückkehr nach Hause, ging es mir wie vielen anderen auch. In meinem Kopf sirrten Fragen über mich und meine Zukunft und meine Wünsche und meine Ängste wie ein großer Bienenschwarm, dessen Bedrohung sich in meiner Magengrube zu einem lähmenden Gewicht manifestiert hatte. Alles war so ungewiss und frustrierend, ganz anders, als zu Beginn meiner Studien. Ich begann mir Gedanken darüber zu machen, wie ich auf diese Zeit zurückblicken werde; ob wirklich alles irgendwie wird, so wie meine Mutter es mir immer verspricht. Und darum habe ich mich an Menschen gewendet, die ja wissen mussten, wie sich all die Irrungen und Wirrungen aus dem jungen Erwachsenenleben im Alter anfühlen. Was würden sie sich sagen, wenn sie ihrem jungen Ich einen Rat mit auf den Weg geben könnten? Fast allen, mit denen ich für dieses Buch gesprochen habe, fiel die Antwort darauf nicht leicht. Kaum jemand hatte als junger Erwachsener viel Raum, sich intensiv mit der eigenen Person auseinanderzusetzen. Die Umstände erlaubten es nicht. Unsicherheiten gab es viele, doch wenige hatten mit Träumen und Zweifeln zu tun. Für solche Gedanken, für solche Ablenkungen gab es zu viel zu tun. Beziehungen waren anders, als sie heute idealisiert werden. Eine Zweckgemeinschaft war weitaus wahrscheinlicher als tiefschürfende Liebe.

All die Selbstfindungsprobleme, die mich dazu veranlasst hatten, diese Gespräche zu suchen, sind wohl ein Luxus, den es nicht gibt, wenn man im Krieg aufwächst. Meine Frage nach den Ratschlägen an das jüngere Ich war unerwartet abstrakt und vor allem unwahrscheinlich persönlich. Die Menschen in diesem Buch sind Fremde, die mit mir über ihre Erfahrungen und Empfindungen gesprochen haben, die sonst so privat bleiben, dass sich unser Austausch zuweilen sehr intim angefühlt hat. Hand hoch, wer solche Gespräche mit der eigenen Familie führt! Vor jeder neuen Begegnung war mir unwohl, denn ich hatte immer diese Angst davor, mit meinen Fragen auf andere einzudringen, ihnen zu nahe zu treten oder sie zu verärgern. Und an jedes Treffen musste ich noch Tage später denken, weil mich die Menschen innerhalb weniger Stunden an so viel haben teilhaben lassen. Solche Begegnungen erlebe ich im Alltag nicht. Darum bin ich all jenen unglaublich dankbar, die mir für dieses Buch von ihrem Leben erzählt haben. Dankbar für das Vertrauen, die Geschichten und die Erfahrung.

Ich habe nicht mehr die Gelegenheit, meiner Oma die gleichen Fragen zu stellen – wie ihr Leben war, wie sie darüber denkt und welche Worte sie für sich selbst hätte. Daran werde ich immer denken, wenn ich mich an sie erinnere. Jedoch werde ich auch nicht vergessen, dass andere kennenzulernen gar nicht so schwer ist – und dass wir durch sie auch über uns selbst mehr erfahren.

Verantwortung

Armin Lufer

»Im Leben gewinnst du viel, wenn du deinen Egoismus überwinden kannst.«

Armin Lufer gehört zu den Interviewpartnern, die von sich aus auf mich zugekommen sind – und zu denjenigen, die in einer heute nicht mehr zu Deutschland gehörenden Gegend aufgewachsen sind. Zu Beginn unseres Telefonats eröffnete er mir, er habe bereits etwas niedergeschrieben, was für mich von Interesse sein könnte. Kurz nachdem wir uns verabredet hatten, lag der Text überraschenderweise in meinem Briefkasten. Herr Lufer hatte ihn mir netterweise per Post geschickt – 17 mit der Schreibmaschine verfasste Seiten über ein Leben, das der Breslauer nach der frühen Prägung durch die Hitlerjugend und die Einberufung in den Volkssturm einem bedeutsamen Anliegen gewidmet hat. Einem Anliegen, von dem er mir im Gespräch über seine Biografie erzählt hat.

ಇ ಈ ಇ

Geboren bin ich im Februar 1929 in Breslau, in der Gartenstadt Carlowitz. Meine Eltern stammen von dort, die Vorfahren meines Vaters stammen aus Thüringen. Meine Schwester und ich werden demnächst die Leute besuchen, die jetzt in der Wohnung leben, in der wir geboren wurden. Denen habe ich auch schon von meiner Lebensgeschichte berichtet. Mit der Stadt Breslau verbinde ich nicht nur meine Kindheit und Jugend, ich finde es auch persönlich notwendig zu erklären, was sich zugetragen hat, sodass dort heute keine Deutschen mehr leben. Deshalb habe ich in den letzten Jahren, im Rahmen eines Breslauer Stammtisches, verschiedene Vorträge zur Geschichte meiner Geburtsstadt gehalten und von meinen persönlichen Erlebnissen erzählt.

Ich wurde mit 15 Jahren, im August 1944, in den Volkssturm eingegliedert und habe bis zu diesem Zeitpunkt erst die Volks-, dann die Mittelschule besucht. Ich wäre im April 1945 fertig geworden mit der Schule. Doch dann wurde die Stadt Breslau zur Festung gemacht und ich absolvierte nur eine Notreifeprüfung.

Ab dem 22. Januar 1945 war ich mit 16 Jahren Soldat. Das war ein harter Einschnitt für uns. Breslau und Schlesien waren bis 1944 so etwas wie der Luftschutzbunker für die übrige Bevölkerung Deutschlands gewesen, besonders aus dem Rheinland und dem Ruhrgebiet. Dort waren die Menschen ja schon in den Jahren 1941 bis 1943 dem Bombardement ausgesetzt, so kamen viele nach Breslau. Bis August 1944 war die Stadt von jedem Bombenangriff verschont geblieben. Dann fielen im September erstmals Bomben auf unsere Nachbarschaft. Und das war ein kleiner Vorgeschmack auf das, was noch kommen sollte. Diesen Luftangriff habe ich selbst nicht miterlebt, weil ich da schon an der Ostgrenze beim Stellungsbau eingesetzt wurde. Die Menschen hatten bis zu diesem Zeitpunkt zwar mitbekommen, dass Krieg ist – vor allem durch die Benachrichtigungen der Angehörigen von den vielen Gefallenen. Doch persönlich hatten sie den Krieg nicht im Alltag erlebt; ihr Leben ging einfach weiter.

Im Dezember des Vorjahres hatte ich meinen Schulleiter über meinen Einberufungsbefehl informiert, den es geheim zu halten galt. Am 22. Januar musste ich mich auf dem Breslauer Herrman-Göhring-Sportfeld, das heute das Olympiastadion ist, als Soldat melden. Das war für die meisten Menschen in Breslau der Tag, an dem sie durch die Nazis auf die Flucht geschickt wurden. Doch Angst hatte ich keine. Für mich war dieser Einberufungsbefehl der Dienst für das faschistische Deutschland. Ich war schließlich im Geiste des Dritten Reiches in der Hitlerjugend erzogen worden. Demzufolge war das für mich ein Auftrag, dem ich Folge zu leisten hatte. Ich hatte die Erwartungshaltung, dass der Weltkrieg noch eine Wende erfahren wird – nämlich dann, wenn Hitler seine Wunderwaffe einsetzen würde. Das waren vielleicht ein paar Wahnvorstellungen … Ich hatte keine Angst und stellte keine Überlegungen an, irgendwie stiften zu gehen. Für mich war dieser Einberufungsbefehl damals eine Anordnung, der ich gehorchen musste. Mein Vater war ebenfalls Soldat und auch meine Mutter brachte dem keinen Widerstand entgegen. Die hat auch nicht gewusst, dass ich für die Festung Breslau gekämpft habe. Das hätte sie psychisch nicht überstanden. Soldaten mit anderer Haltung traf ich erst, als ich mit schweren Erfrierungen im Franziskaner-Kloster, das man zum Lazarett umfunktioniert hatte, als Kriegsverletzter behandelt wurde.

Denn dort kam ich in Kontakt mit anderen jungen Soldaten, die waren so zwischen 20 und 25 Jahre alt. Diese Männer haben mir ihren faschistischen Geist offenbart, indem sie sich stolz ihrer »Heldentaten« in Polen und der Sowjetunion rühmten und mich verspotteten. Weil ich durch meinen Einsatz als Melder im April noch zwei Kriegsauszeichnungen bekommen hatte, wurde ich von diesen Soldaten als »Hitlers letzte Waffe« verhöhnt. Ich wäre also, mit anderen Worten, mit schuld daran gewesen, dass der Krieg in Breslau gewütet hat. Dass die Soldaten sich damit brüsteten, in anderen Ländern Frauen und Kinder ermordet zu haben, hat mich geschockt. Doch kurz vor der Kapitulation haben genau diese Leute sich dann angstvoll an mich gewandt und gefragt: »Was werden die Russen mit uns machen?« Die hatten einen Schiss! Unglaublich. Das sind so Dinge, die sich mir eingeprägt haben. So kam meine Ernüchterung.

Zwischen dem 6. und 7. Mai 1945 wurde das Lazarett durch die Rote Armee übernommen. Da hat mich dann ein Angehöriger des »Nationalkomitee Freies Deutschland« aufgesucht. Deren Mitglieder waren früher Angehörige der faschistischen Armee gewesen, hatten jedoch 1943 nach der Schlacht von Stalingrad eine militärische und politische Anti-Hitler-Bewegung entwickelt. Diese Leute haben mich nach meinen Erlebnissen ausgefragt, was meinen weiteren Lebensweg positiv beeinflusst hat. Ich bin später in ein Lazarett im Kriegsgefangenenlager im tschechischen Tabor gekommen, wo ich gesund gepflegt wurde. Dort habe ich überzeugte Nazis kennengelernt, von denen nur einer vor den Rotarmisten zu seiner Einstellung stand. Was wiederum auch anerkannt wurde. Sich zu einer Sache hundertprozentig zu bekennen, selbst wenn daraus persönliche Nachteile geschöpft werden, hat mich motiviert. Ich habe nie verschwiegen, dass ich Angehöriger der Hitlerjugend war. Ich war auch Mitglied der Kampfgruppe der Hitlerjugend in Breslau. Meine Erfahrungen in diesem Alter haben also mein Leben mitbestimmt.

Kurz nach Weihnachten 1945 wurde ich entlassen. Ich konnte zu diesem Zeitpunkt nicht mehr nach Breslau zurückkehren, da die Stadt nun wieder zu Polen gehörte. Darum habe ich mit meinem mittlerweile verstorbenen Schulfreund im thüringischen

Pößneck Verwandtschaft aufgesucht – ohne dies zunächst zu wissen. Dort wurde ich auch wieder mit meinen Eltern und meiner Schwester vereint. Das war ein Gefühl von Fassungslosigkeit und Glück, zum Ausdruck gebracht mit dem Ausruf: »Junge, du lebst!«, der mir bis heute in Erinnerung bleibt. Seit meiner Verabschiedung im Januar hatte meine Mutter nicht gewusst, wo ich war. So wurde ich bis Ende 1945 in relativ jungen Jahren sehr schnell zum Erwachsenen. Normalerweise beginnt ja im Alter von 16 oder 17 Jahren das jugendliche Leben erst. Für mich war's zu dem Zeitpunkt schon abgeschlossen. Ich wurde ab da wie ein Erwachsener behandelt. Die Bevölkerung in Pößneck hatte kaum direkt etwas vom Krieg mitbekommen. Demzufolge konnten sich die Menschen dort nicht in die Lage jener versetzen, die mit nichts dorthin gekommen waren. Durch meinen Namen, der noch von früheren Verwandten dort stammt, kam ich in Kontakt mit ein paar Einheimischen und fand zunächst eine Anstellung als Bauarbeiter. Danach machte ich eine Ausbildung zum Zimmermann, wodurch ich meine Familie mit Brennmaterial unterstützen konnte. Die Arbeitsstätte war Basis für Leben und Überleben. Dieser Beruf hat sich nicht nur dadurch ergeben, dass mein Vater Maurer und Architekt war, sondern auch durch meine Tätigkeit für das Unternehmen Barthold; beim Stellungsbau an der polnischen Grenze im August 1944. Da fing ich an, mit Holz zu arbeiten, wonach dieser Baustoff später Lebensinhalt meines Berufs geworden war. Dann habe ich in verschiedenen Bereichen gearbeitet, bis wir 1949 nach Jena zogen. 1950 folgte dann mein Studium, das körperlich so belastend war, dass ich zwei Jahre später wegen einer Nervenentzündung zum Kuraufenthalt nach Usedom musste. Dort habe ich meine Frau kennengelernt. Bis zur Rente habe ich ausschließlich im Bauwesen gearbeitet, unter anderem in Rostock und Potsdam.

Im Leben gewinnst du viel, wenn du deinen persönlichen Egoismus überwinden kannst und versuchst, an die Gemeinschaft zu denken. Versuch, dich in die Lage Dritter zu versetzen, um zu verstehen, warum sie Unterstützung brauchen. Die Generationen meiner Eltern und meiner Großeltern waren in sich sehr verschlossen. Die haben von ihrem Leben und ihren daraus gezogenen Erkenntnissen nichts als Schweigen vermittelt. Die Ursachen dafür sind vielfältig. Das Drücken und Küssen von Kindern und Enkeln sind Dinge, die ich selbst nicht erlebt habe. Sie haben über Krieg nicht gesprochen. Ihre eigenen Erlebnisse haben sie stets für sich behalten. Auch nach dem Zweiten Weltkrieg haben sie nicht von ihren Enttäuschungen erzählt. Man merkte nur, sie hängen an einer Zeit, die über Deutschland und die Welt viel Unheil gebracht hat. Und ihr Schweigen war für mich das Bekenntnis: »Wir hätten doch was sagen müssen.« Das ist auch die Erfahrung von Gleichaltrigen. Das sind Dinge, die ich anders machen wollte. Auch im hohen Alter. Das Verantwortungsgefühl anderen gegenüber in der Gesellschaft allgemein nimmt ab. Ich habe gelernt, dass die Differenzen, die man miteinander hat, nicht unter den Tisch gekehrt werden dürfen und wir uns nur gemeinsam vorwärts bewegen. Meine Erlebnisse in der Gefangenschaft mit ehemaligen faschistischen Soldaten haben mich sehr geprägt. Ich habe dadurch mit dem Faschismus abgerechnet und bin seitdem ein Verfechter des Widerstands gegen jede nazistische, faschistische oder militaristische Entwicklung. Darum konzentriere ich mich darauf, diese Erfahrung an jüngere Generationen zu vermitteln.

❧ ✦ ❧

Armin Lufer hat immer wieder den Weg in seine Geburtsstadt gesucht und gefunden, wo er bei diversen Gelegenheiten mit jungen Polen über Krieg und seine Ursachen und Wirkungen gesprochen hat. Und auch mit denjenigen, die über 70 sind, aber damals Kinder waren und nicht verstehen, was damals vor sich ging. »Wenn diese Leute Festung Breslau hören, haben sie ganz andere Vorstellungen – zum Beispiel von einer Festungsanlage wie im Mittelalter –, die es jedoch nicht gegeben hat. Ihnen versuche ich, die Ursachen zu vermitteln und damit stoße ich nicht immer auf Wohlgefallen, weil ich mich auf kriegerische Entwicklungen beziehe, die bereits mit Friedrich dem Großen in Gang gesetzt wurden.« *Man müsse sich schon mit der Geschichte befassen, damit sich solche Dinge nicht wiederholen. Aber sie wiederholen sich ja gegenwärtig, erklärt Herr Lufer. Nicht nur anderswo in der Welt. Mit Sorge beobachtet er, wie sich Konflikte hier in Deutschland manifestieren.* »Und darum will ich den Leuten erklären, was Krieg bringt. Den Menschen, die das nicht hören wollen, und dazu zählt auch die nächste Verwandtschaft, muss man versuchen, das zu verklickern.«

und gesagt: »Ich werde mal eine berühmte Sängerin«. Mein Vater meinte daraufhin stets, ich solle nicht solche Flausen im Kopf haben, denn ich müsse doch einen anständigen Beruf lernen.

1941 wollte mein Vater wieder zurück zu seinen Eltern nach Polen. Wir zogen nach Bielsko-Biała in den Beskiden. Weil wir nur die polnische Staatsangehörigkeit hatten, haben wir dort eine Kellerwohnung bekommen. Denn damals war der Ort schon von den Nazis besetzt. Ich wurde dort erst einmal in eine Hilfsschule geschickt und dann in eine deutsche Schule, wo ich schnell wegen meiner Begabung auffiel – ich sprach damals schon Französisch, weil das in Rumänien zum guten Ton gehörte. Ich hab immer getanzt und gesungen. Aber dann kam die Flucht. Das war eine schwere Zeit, doch meine Mutter und ich haben sie gut überstanden. Meinen Vater haben die Faschisten abgeholt und wir haben nie … durch die Caritas habe ich später Bescheid bekommen, dass er in einem Lager umgekommen ist.

Ich begann mit der Malerei und anderer Kunst, womit ich meine Mutter und mich über Wasser gehalten habe. Da war ich 16 Jahre alt. Der Krieg war zu Ende und wir sind bei einer alten Freundin von ihr untergekommen. Das war in Peitz bei Cottbus und wir kamen gerade so zurecht. Entdeckt wurde ich, als ich in einem Fischerei-Verein immer Lieder von der Marika Rökk gesungen habe. Das war mal ein Film- und Revuestar in den Fünfzigern bis Siebzigern. Man hat mich daraufhin zum Vorsingen nach Cottbus eingeladen und so bekam ich mit 17 ein Stipendium am Konservatorium in Cottbus. Da war ich überzeugt, dass ich eine Sängerin werde, und bin zu meiner Mutter gefahren, die mittlerweile in Weimar lebte, um sie zu fragen: »Sag mal, wenn ich jetzt meinen Geburtsnamen als Künstlername annehme, dann hab ich doch eine Chance vielleicht mal meine Familie wiederzufinden?« Denn mein Geburtsname Vaidas war schließlich mit der Adoption verloren gegangen und der Name Szymick – das ist ja dreimal spucken, viermal niesen! Das ist doch kein Name für die Bühne. Aber Vaidas klingt schön. Und Marioara auch. Also habe ich sie gefragt, ob sie was dagegen hätte. Und meine Mutter war sehr, sehr tolerant und lieb. Meine Tante war natürlich entsetzt und hat mich ein undankbares Mädel genannt. Aber das habe ich alles überhört.

Meine Mutter hat aber auch gesagt: »Kind, wenn der Vater das erleben würde. Was willst du denn am Theater? Und das heute in der schweren Zeit. Wir haben kaum etwas zu essen.« Aber ich meinte immer: »Mama, du wirst sehen, du wirst sehen. Wir werden noch eine gute Zeit haben.« Sie war schließlich auch mit dem Konservatorium einverstanden. Ich war noch nicht volljährig, somit mussten die Eltern ihre Zustimmung geben. Und dann habe ich meine Mutter in Bautzen zur ersten Aufführung mitgenommen, wo sie in der ersten Reihe saß und anfing zu weinen, als alle geklatscht haben. Ich habe das Ännchen in Carl Maria von Webers Oper »Der Freischütz« gesungen. Da war sie natürlich ganz stolz. Ich habe mir aber auch nebenbei ein bisschen Geld verdient und mal in einem Nachtvarieté gesungen. Da war ich noch auf dem Konservatorium. »Um Gottes willen, Mädel …«, hat da meine Mutter gesagt. »Mutter, ich kriege 20 Mark dafür«, habe ich ihr entgegnet. »Davon können wir doch wieder leben.«

Also diese Studentenzeit war schwer. Ich habe meine Lebensmittelkarte verkauft und dann Stepp-Unterricht genommen. Das kam mir natürlich alles zugute, weil ich später auch ins Musical-Fach wechseln konnte.

Während dieser zweieinhalb Jahre wurde ich für die Oper ausgebildet und habe noch Schauspielunterricht bekommen. Dann habe ich eine Bühnenreifeprüfung in Dresden machen müssen, zusätzlich zur Prüfung vom Konservatorium. Denn ich wollte ja ein Engagement. Und 1949 musste man seine Bühnenreife nachweisen. Ich habe dann gleich ein Angebot gekriegt, als Nachwuchs für die Semperoper. Das habe ich jedoch nicht angenommen, ich wollte nicht die fünfte oder sechste Besetzung sein und nur singen: »Herr Graf, die Pferde sind gesattelt«. Darum habe ich das Engagement in Bautzen angenommen. Und da habe ich alle drei Kunstgattungen gemacht: Schauspiel, Oper und Operette. Das waren meine Lehrjahre. Da habe ich mir ein großes Repertoire zugelegt. Und danach fing eigentlich meine Karriere an.

Ich hatte in Dresden ein Angebot und auch in Berlin. Ich war erst zwei Jahre in Dresden an der Staatsoperette und bin 1952 nach Berlin gekommen, wo ich bis 1992 auf der Bühne stand. Meine Mutter fand nicht, dass das ein ernstzunehmender Beruf ist – doch sie hat erkannt, dass ich viel Unterstützung habe und war dann sehr stolz auf mich. Ich habe außerdem sehr viel Funk und Fernsehen gemacht, wodurch ich sie monatlich unterstützen konnte. Meine Gagen waren hoch, ich habe gut verdient. 1957 hatte ich als einzige Operetten-Sängerin den Kunstpreis bekommen, wodurch ich eine höhere Honorarstufe erreichte. Und nach der Wende wurde ich 1991 Ehrenmitglied des Metropol-Theaters und Kammersängerin.

Ich habe mein Ziel und meine Träume trotz dieser schwierigen Zeit verfolgt. Und, Saba, ich würde es wieder genauso machen. Dieses Ziel vor Augen hat mir ja auch geholfen: Wo ich war, habe ich gesungen und sogar Geld dafür gekriegt. Ich habe kleine Auftritte gehabt, für die ich mir selbst ein langes Kleid aus Papier bastelte, das ich bemalt hatte. So hatte ich ein Abendkleid. Alles, um mit der Singerei ein bisschen Geld zu verdienen. Und was ich mir erhofft hatte, als ich meinen rumänischen Familiennamen zu meinem Künstlernamen machte, passierte dann wirklich, als ich 1952 das Engagement in Berlin hatte. Da war 1953 eine rumänische Delegation in der Vorstellung von Millöckers »Gasparone« und die sagten: »Oh, das ist eine Rumänin, die müssen wir begrüßen!« Damals gab es in Rumänien noch nicht allzu viel zu kaufen, darum hatten ihre Frauen allerhand Wünsche. Ich habe mich ein paar Tage mit dieser Delegation beschäftigt, sie in meinem Auto umhergefahren und ihnen meine Geschichte erzählt. Nach drei Monaten bekam ich einen Brief mit Fotos: Meine Großmutter, meine richtige Mutter, die nur 16 Jahre älter war, mit Lockenwicklern im Haar, ein schlanker Mann und eine bildhübsche Schwester. Absender war Dr. Ionescu – mein Schwager. Die haben mich also wegen meines Künstlernamens gefunden – so wie ich es mir schon im Konservatorium zum Ziel gemacht hatte. Ich hatte mir vorgenommen: Ich möchte einmal meine richtige Familie wiederfinden und das hat auch geklappt. 1954 bin ich nach Bukarest geflogen und wurde von meiner richtigen Mutter, Olga, und meiner Schwester in Empfang genommen.

Und mit der Familie bin ich bis heute in Kontakt. Ich bin viel nach Rumänien gefahren, um die Familie zu unterstützen, und da wurde nur Rumänisch gesprochen. Das ist ja meine Muttersprache. Trotzdem hatte ich das erste Mal, als ich da war, ein bisschen Schwierigkeiten. Aber das hat sich geändert, als ich angefangen habe, Rumänisch zu denken. Ich kann heute noch nicht auf Deutsch rechnen, sondern nur auf Rumänisch. Ich habe auch viele Gastspiele in Rumänien gemacht, weil ich dort meinen Mann kennengelernt habe. Gleich am ersten Tag, als mein Schwager mich mit einer Kutsche abgeholt hat. Das werde ich nie vergessen, wie er die ganze Zeit gesagt hat: »Maine Schwägarin aus Berrlin kommt.« Und als wir das Haus betreten haben, stand da so ein Kerl und guckte mich an. Uff, da hat das schon geschlackert zwischen uns. Ich habe vier Jahre gebraucht, um ihn nach Berlin zu bringen. Er war Arzt, ein Kollege von meinem Schwager. Später wurde er Oberarzt an der Charité und danach im Hubertus-Krankenhaus. Kinder haben wir keine bekommen, obwohl er Gynäkologe war. Ich bin heute noch in Verbindung mit ihm. Er ist mittlerweile 95. Wir sind geschieden, aber zuletzt war ich mal eine Woche bei ihm, weil er das Haus nicht mehr verlassen kann.

Das ist also meine Geschichte. Wenn du ein Ziel vor Augen hast, dann lass dich nicht von deinem Umfeld beeinflussen. Wenn man es sich auch leisten kann, wollen wir ehrlich sein. Aber es ist wichtig, es einfach zu versuchen. Ich habe auch Glück gehabt, es hätte schließlich auch anders kommen können. Du musst es aussprechen; du musst sagen, was für Wünsche du hast – von Kindesbeinen an bis zum hohen Alter, finde ich. Reden ist das Wichtigste. Aussprechen! Selbst Gedanken, die du manchmal so hast – sprich mit dem Partner oder mit deinem Umfeld, sprich es aus. Was Ratschläge betrifft: Ratschläge annehmen, ja, auch das ist wichtig! Doch manchmal bringen die auch nicht besonders viel. Denn jeder gibt Ratschläge aufgrund von eigenen Erfahrungen und die kann man nicht einfach auf andere projizieren. Optimistisch denken! Ich finde, das zeichnet mich bis heute aus. So viele alte Leute trauern den Zeiten von damals hinterher und sagen: »Ach, früher war doch alles anders.« »Ja ja«, sage ich da immer. »Früher hattet ihr alle noch einen Kaiser und das Brötchen hat nur einen Pfennig gekostet.« Genieß doch die Gegenwart und erinnere dich an schöne Dinge. Ich war vielleicht auch immer schon ein bisschen zu naiv. Stets habe ich gesagt: Was soll mir denn passieren? Ich hatte, weil ich im Wohlstand aufgewachsen bin, keine Not gehabt, bis wir nach Polen gekommen sind. Ich habe immer die guten Seiten gesehen. Saba, Ihre Oma sagt immer: »Du denkst, im Himmel ist Jahrmarkt.«

Ängstlich war ich nie. Mit 15 wurde ich im Keller versteckt, dort, in der Nähe von Cottbus, wo wir waren, als die Russen gekommen sind. Einmal hatten wir drei Tage lang nichts zu essen gehabt. Und vis-à-vis lebte ein Bauer. Da habe ich gesagt: »Ist mir ganz egal!« Und dann bin ich da mit der Milchkanne rübergegangen. Die alten Weiber waren alle entsetzt. Da kamen gerade ein paar Russen vorbei und der eine mit seiner Puschka, seinem Gewehr, wollte unbedingt meine Uhr. Ich habe dann Rumänisch gesprochen, woraufhin er ganz entzückt rief: »Romanska, Romanska!«. Er hat mich ziehen lassen. Da habe ich gesagt: »Wisst ihr, was wir machen? Wir hängen eine rumänische Flagge auf.« Daraufhin haben wir Ruhe gehabt. Wenn ich mir einer Sache unsicher war, dann habe ich es nicht gemacht. Ich wurde ja auch mit großen Rollen vertraut. Ich sollte zum Beispiel Franz Lehárs Lustige Witwe singen. Da habe ich gesagt: Damit bin ich überfordert! Das mache ich nicht. Ich habe nie Sachen gemacht, bei denen ich mir nicht sicher war, ob ich das schaffe. Das bereue ich auch nicht. Eigentlich bereue ich überhaupt nichts. Ängste, die kamen im Alter. Aber trotzdem: Selbst in meinem hohen Alter bin ich mit dem Schiff ans Nordkap gefahren. Ich habe meine goldene Uhr verkauft, die war so klein, dass ich sie sowieso nicht lesen konnte. Und dann habe ich im Winter diese Schiffsreise in Norwegen gemacht. Weil ich vieles sehen wollte. Es ist nicht so sehr die Angst vorm Krankwerden, sondern vielmehr die Hilflosigkeit. In Bergen in

Norwegen musste ich vom Flughafen zum Hafen. Wir hatten Verspätung gehabt, mein Gepäck ist auch nicht angekommen. Und ich konnte niemanden fragen, denn ich kann kein Englisch. Es gab auch keine Taxen. Und ich musste dieses Schiff kriegen. Da bekam ich richtig Panik – Panik! Aber dann habe ich mit Händen und Füßen geredet und irgendwie ging es. Und so setze ich mich vielleicht auch keinen Situationen aus, in denen ich Angst haben muss.

ತಿ ⚜ ತಿ

Ob Maria Vaidas-Trilling wirklich nie Angst und nie Zweifel hatte, kann ich nicht mit Sicherheit sagen. Womöglich überschatten ihr unerschütterlicher Optimismus und ihr Ehrgeiz Erinnerungen an Momente der Unsicherheit. Oder eine gewisse Unwissenheit: »Die alte Dame, bei der wir auf der Flucht gewohnt hatten, und meine Mutter – beide waren ständig in Angst. Weil sie wissend waren. Ich war ja unwissend. Manchmal ist es gut, naiv zu sein«, *erinnert sie sich.* »Doch allgemein war Zögern nie meine Art«, *fährt sie fort.* »Ich bin ein bisschen sehr spontan, das gebe ich zu, was nicht immer sehr klug ist. Aber ich habe auch Glück gehabt.« *Als wir später noch mit meinen Großeltern essen gehen, bittet sie mich, im Buch zu betonen, wie angekommen sie sich fühlt, dort bei den Maltesern. Tatsächlich strahlt sie eine große Zufriedenheit aus, als sie uns über das Gelände führt, die Räumlichkeiten zeigt und uns Schwester Walburga und die Leiterin, Frau Franke, vorstellt. Außerdem singt die 87-Jährige weiterhin – im Malteser Einwohner-Chor:* »Ich bin auch im hohen Alter noch sehr sangesfreudig!«

Altruismus

Helga Thurmann

»Sag nicht Ja, wenn du Nein meinst.«

Helga Thurmann hat in ihrer Wohnung in Berlin-Spandau schon ihre Kinder großgezogen. Sie lebt allein, umgeben von Fotos ihrer Söhne, ihrer Enkel und ihrer Urenkel. Der Boden ist mit dicken Teppichen ausgelegt, das Wohnzimmer wird durch eine große Couch dominiert, die mit etlichen bunten Kissen dekoriert ist. Frau Thurmann, so scheint es mir, hat mich an ihren Rückzugsort eingeladen, ein Refugium. Sie erzählt mir später vom Heim gegenüber, in dem Asylsuchende untergebracht sind. Gerne winkt sie den Frauen und Kindern zu, doch eine Einladung zum Kaffee hat sie ausgeschlagen. Sie möchte auch ungern verreisen, zum Beispiel, um Freunde in Bayern zu besuchen. Die 80-Jährige hat nämlich Angst, in der Zeit könne es zu Tumulten kommen – angezettelt von Menschen, denen so ein Heim und seine Bewohner ein Dorn im Auge sind. Und wenn dann was passiert, sagt Frau Thurmann, habe sie vielleicht kein Dach mehr über dem Kopf.

~ ~ ~

Geboren bin ich in Spandau, drei Tage vor den Olympischen Spielen 1936. Mein Vater war bei Siemens tätig, meine Mutter Kontoristin an der Schule für Hauswirtschaft im Lette Verein. Zehn Kilometer weiter, im Familienhaus in Dallgow, bin ich aufgewachsen. Ich bin dort in der Dorfkirche getauft und konfirmiert worden und später hat mich derselbe Pfarrer hier in Spandau getraut. Denn in der Zwischenzeit war zwischen den beiden Orten eine Grenze errichtet worden. Als Schulkind habe ich zwei Jahre in einer Lungenheilanstalt verbracht. Das hat mich ziemlich isoliert und das ständige Lernen, um den Anschluss nicht zu verpassen, war sehr müßig. Ich war körperlich und geistig geschwächt. Als ich die Schule beendete, war ich 16 – zwei Jahre älter als meine Schulkameraden. Dann habe ich eine Ausbildung zur Säuglingsschwester gemacht. Dazu gehörte auch ein Praktikum in einem Kinderdauerheim, in das Kinder von Montag bis Samstag abgegeben wurden. Die Kinder hatten alle einen roten Po von den dicken Windeln und den Gummihosen. Da war mir klar: Wenn ich mal Kinder habe, werde ich diese nirgendwo abgeben. Wir konnten uns überhaupt nicht mit den Kindern beschäftigen. Das war nur eine Aufbewahrungsanstalt. Im Anschluss daran wollte ich Hebamme werden, aber ich galt als zu jung.

Also habe ich drei Jahre lang eine Ausbildung zur Gesundheitsfürsorgerin gemacht. Meine Schulleistungen waren zwar durchschnittlich, doch schon damals konnte ich gut mit Menschen umgehen. Nachdem ich mit etwa 20 als jüngste Absolventin meines Fachs in der ganzen DDR meine Ausbildung abgeschlossen habe, fand ich eine Anstellung in der Jugendfürsorge. Zusammen mit dem Kreisarzt habe ich die Schulen besucht und Schuluntersuchungen und Beratungssprechstunden gemacht. In meiner Freizeit bin ich einmal im Monat ins Theater und einmal im Monat zum Tanzen gegangen – in Spandau, im Westen. Und da habe ich meinen Ehemann kennengelernt. Der war Maschinenschlosser, sechs Jahre älter, geschieden und hat mit seinem dreijährigen Sohn in einer Einzimmer-Wohnung gelebt. Das hat er mir auch direkt beim ersten Rendezvous gesagt. Da war ich erst mal erstaunt. Ich war ja jung, erst 20. Aber durch meine Liebe zu Kindern und meine Ausbildung zur Säuglingsschwester habe ich mich stark genug gefühlt, mich um dieses Kind zu kümmern. Wir haben uns von Anfang an gemocht und auch meine Mutter fand diesen Mann, der gleich offen und ehrlich war, auf Anhieb sympathisch. So fühlte ich mich irgendwo sicher. Ein paar Monate später waren wir verlobt, doch beim Rat des Kreises, für den ich ja in der Jugendfürsorge gearbeitet hatte, fand man das nicht so gut. Da kam die Kaderleiterin und meinte: »Jetzt darfst du hier nicht mehr arbeiten, du bist ja Geheimnisträger.« Aber man wollte mich ungern entlassen. »Kündige du lieber selber, das hört sich besser an«, hieß es da. Mich hat das allerdings nicht sehr getroffen. Im Sommer stand schließlich schon die Hochzeit an. »Wunderbar«, habe ich gesagt: »Wann kann ich gehen?« Einen Monat später habe ich also schon nicht mehr gearbeitet.

1958 haben wir geheiratet. Zwei Tage davor bin ich nach Dallgow gefahren, wo ich gleich von meiner Mutter abgefangen wurde. »Du brauchst dich gar nicht erst ausziehen, nimm sofort den nächsten Zug zurück«, hat sie gesagt. Man hatte nämlich meinen Vater verhaftet, der mittlerweile als Versicherungsvertreter arbeitete. »Dich werden sie auch abfangen, damit du gar nicht erst im Westen heiraten kannst«, warnte mich meine Mutter. Also habe ich mich gleich auf den Weg zurück gemacht. Und am nächsten Tag waren sie dann tatsächlich da und haben nach mir gefragt. Warum, ist mir bis heute nicht ganz klar. Meine Mutter hatte mir damals gesagt, dass man den Vater ebenfalls wegen seines Status' als Geheimnisträger festgehalten hat. Ich glaube, dass die Beamten ihn davon abhalten wollten, zur Hochzeit nach Westberlin zu kommen. Vielleicht, um zu verhindern, dass er auch »rübermacht«. Zwei Tage später war er wieder auf freiem Fuß, als wäre nichts gewesen.

Und dann war ich glücklich verheiratet und mit meinem Stiefkind zu Hause. Mir hat es immer das Herz zerbrochen, wenn der Junge morgens in Tränen ausbrach, weil der Vater ihn so früh wecken musste, um ihn vor der Arbeit in den Kindergarten zu bringen. Doch ich muss auch zugeben, dass es eine große Anstrengung gewesen ist, in so jungen Jahren ein Kind großzuziehen. Damals habe ich das nicht so empfunden, aber heutzutage würde ich doch einiges ein bisschen anders machen. Nicht so streng in der Erziehung sein, zum Beispiel. Andererseits waren das schlicht die Umstände, ich habe es ja selbst so beigebracht bekommen.

Im Jahr darauf, im Mai, kam mein Sohn zur Welt. Und obwohl wir nur von dem spärlichen Einkommen meines Mannes lebten, haben wir es uns hier gemütlich gemacht. Wenn die Arbeit geschafft war, haben wir am Abend immer Ausflüge mit dem Paddelboot gemacht. Mit diesem waren wir auch am 13. August 1961 unterwegs. Beide Kinder waren in Dallgow, die Großeltern besuchen. In Spandau konnte der Älteste nur auf der Straße oder im Hof spielen, denn wir hatten dort noch in der Einzimmerwohnung gewohnt. Da waren Besuche auf dem großen Grundstück von Oma und Opa eine willkommene Abwechslung. Mein Mann und ich waren draußen auf dem Wannsee und hatten einen kleinen Radioempfänger dabei und haben ganz bestürzt die Nachrichten von den sich überschlagenden Ereignissen gehört.

Wir sind daraufhin zurückgeeilt. Meinte Mutter hat uns aus Dallgow ein Telegramm geschickt, das abends eintraf. »Komme mit den Kindern nach Spindlersfeld«, hieß es darin. In Berlin-Köpenick hatten wir noch Verwandte, zu denen sich meine Mama mit dem schweren Kinderwagen und den zwei Enkeln auf den langen Weg machte. Die Grenzen zu Dallgow und Staaken waren schon zu – nur in Berlin gab es stellenweise noch ein Durchkommen. Mein Ehemann hat sich aufgemacht, um die Kinder zu holen, während ich bei meinen Schwiegereltern blieb und mir die Nerven blank lagen. Bei jeder S-Bahn, die vorbeifuhr, haben wir den Atem angehalten. Einen Tag und eine Nacht haben wir hier am Fenster gesessen. Und dann konnte ich endlich meine Kinder wieder in die Arme schließen. Meine Eltern habe ich danach erst mal eine ganze Weile nicht mehr gesehen, bis ich später, auf Rat von Freunden hin, meinen Zweitwohnsitz in Bayern angemeldet habe, um mit einem westdeutschen Reisepass die Verwandtschaft in Ostberlin besuchen zu können. Dort konnte ich mich mit meinen Eltern treffen.

Unsere neue Wohnung war so heruntergekommen, dass die Renovierung insgesamt ein ganzes Jahr gedauert hat. Mein ganzes Leben hat sich um den Haushalt und die Kinder gedreht. Das Zuhause und die Kindererziehung – die waren in meiner Verantwortung. Ich hatte in der Familie die Hosen an. Aber das bedeutete vor allem: Kochen, Windeln waschen, Windeln bügeln, das jüngere Kind vier- bis fünfmal umziehen. Ich kann mich nicht erinnern, dass mein Mann jemals eine Windel gewechselt hat. Also bin ich ganz in der Fürsorge für meine Familie aufgegangen. Später bin ich ab und zu putzen gegangen, um mir etwas dazu zu verdienen. Kulturprogramm gab es nur, wenn wir mit den Kindern unterwegs waren. Bis meine Söhne das Haus verlassen haben, haben sich meine Gedanken wirklich um nichts anderes gedreht. Meine Karriere habe ich damals nicht vermisst. Da habe ich nur funktioniert.

Aber 1972 wurde es mir zu viel. Da dachte ich mir: ›Du musst eigentlich auch noch mal arbeiten!‹ Also habe ich mich beworben. Und wieder habe ich mir eine Aufgabe gesucht, mit der ich mich um andere kümmern konnte. Das Rote Kreuz hat mich sofort genommen. Dort habe ich erst in der offenen Sozialarbeit gearbeitet und bin später zur Leiterin für das Aufgabengebiet Aussiedler und Zuwanderer aus der DDR und den Ostblock-Staaten geworden. Um diese zu beherbergen, hat das DRK etliche Heime eröffnet, für die ich, eine Wiedereinsteigerin, Sozialarbeiter angelernt habe. Die hatten inzwischen alle eine bessere Ausbildung als ich, fast alle hatten studiert. Trotzdem konnte ich mich dort schnell einarbeiten. Heute noch bekomme ich Post von ehemaligen Kollegen, die mir sagen, ich sei die beste Chefin, die sie je hatten. Ich hatte es also in meinem Beruf hingekriegt, noch mal etwas zu schaffen, glücklich zu sein und anerkannt zu werden.

Mein Mann ist 1988 verstorben. Seit 17 Jahren habe ich keinen Kontakt mehr zu meinem Stiefsohn. Das war ein herber Rückschlag, mit dem ich mich jedoch abgefunden habe. Auch bei einem kurzen Wiedersehen vor zwei Jahren anlässlich einer Familienfeier gab es keinen Anstoß zu einer Aussöhnung. Dass ich über diesen Tiefpunkt hinweggekommen bin, hat auch etwas mit meinem mittlerweile verstorbenen Lebensgefährten Dieter zu tun. Mit dem bin ich eine Beziehung eingegangen, nachdem seine Frau verstorben war, eine alte Klassenkameradin von mir. Er hatte sich danach sehr einsam gefühlt und mehr und mehr Zeit mit meiner Familie und mir verbracht. Ja, und dann waren wir zusammen. Und ich hatte mit ihm sieben Traumjahre. Solche Traumjahre. Dieser Mann war derart lieb und fürsorglich. Alles war anders als in meiner Ehe, in der es immer um Pflichten ging und es viel Arbeit gewesen ist, eine Familie aufzubauen und zusammenzuhalten. Mit Dieter konnte ich meine Freizeit genießen. So eine Beziehung als Fast-Rentnerin zu führen, komplett unabhängig, das war traumhaft. Wir waren zusammen in Fünf-Sterne-Hotels und sind mit Luxuslinern verreist. Und das Wichtigste: Endlich habe ich diese Aufmerksamkeit erfahren, die ich mein ganzes Leben lang anderen zuteil werden ließ. Dieter hat mir die Tür aufgehalten, mich gefahren, Reparaturen erledigt – und er hat mir gesagt, ich soll aufhören, mich ständig zu entschuldigen. Denn schließlich sei das alles eine Selbstverständlichkeit. Da hat ein anderer mal was für mich gemacht und das war so ungewohnt. Das kannte ich nicht. Ich kannte das nicht!

Anerkennung und Wertschätzung haben mir immer sehr gut getan. Doch in meinem Eifer, mich für andere aufzuopfern, um wahrgenommen zu werden, übernehme ich mich manchmal – auch heute noch. Darum würde ich meinem jüngeren Ich wünschen: Lerne, auch mal Nein zu sagen. Denn das fällt mir immer noch schwer. Ich engagiere mich zum Beispiel seit 2009 ehrenamtlich beim DRK, in einer Begegnungsstätte für Senioren. Selbst an Tagen, an denen ich gesundheitlich eigentlich ziemlich am Ende bin. Warum ich in solchen Momenten nicht einfach zu Hause bleiben kann, verstehe ich selbst nicht. Sagen, wie ich mich fühle, ist etwas, was ich meistens unterdrücke. Selbst meiner Familie erzähle ich nicht immer, wie es mir eigentlich geht.

Nächste Woche ist wieder eine solche Gelegenheit, zu der ich eigentlich nicht gehen möchte. Da habe ich Ja gesagt, aber eigentlich Nein gemeint. Doch die Menschen dort würden sich so sehr über mein Kommen freuen. Und so hadere ich nun und habe Gewissensbisse. Mein Sinn für Fürsorge, also mein »Helfersyndrom«, das wurde mir in die Wiege gelegt. Ich habe es geschafft, daraus etwas zu machen, doch es verlangt mir immer noch viel ab. Ich helfe wahrscheinlich mehr, als ich manchmal kann. Die Klassentreffen, die ich regelmäßig organisiere, sind noch so ein Beispiel. Einmal kurz vor einer solchen Zusammenkunft hatte ich einen Schlaganfall. Noch im Krankenhaus habe ich mich bemüht, die Aufgaben zu delegieren. Denn schließlich loben mich immer alle für meinen Einsatz. Mit diesen Treffen habe ich es hier sogar schon in die Zeitung geschafft. Da sagen immer alle, ohne mich würde es diese Klassentreffen nicht geben. Ich halte die Truppe zusammen, heißt es. Das ist eine tolle Anerkennung. Das finde ich schön, nur, warum können die das eigentlich nicht auch mal machen?

»Ich habe zwei Leben gehabt, auf alle Fälle«, erklärt Helga Thurmann abschließend. Beide habe sie genossen. »Ich habe viele

Erinnerungen an die Zeit mit meiner Familie, aber diese Traumjahre stehen doch ein bisschen höher«, resümiert Helga Thurmann. Rückblickend sagt sie, hätte sie sich mit dem Muttersein gern mehr Zeit gelassen, wenn es die Umstände erlaubt hätten. »Dann hätte ich Karriere machen können.« Sie hätte ja in Spandau eine Anstellung finden können, als sie noch richtig drin war im Arbeitsalltag und im Lernen. Doch dann war Schluss. Abgesackt sei sie. Hausfrau machen, das kann jeder, stellt sie fest. »Aber ich war dann zufrieden mit dem, was ich gemacht habe.« Und letzten Endes hat sie es ja geschafft, noch mal einen Fuß in die Tür zu kriegen und sich den beruflichen Erfolg und die Anerkennung zu holen, die ihr als Hausfrau und Mutter so gefehlt haben. Dieses kleine sichere, berechenbare Reich ihres Haushalts hinter sich zu lassen, um ihre Fähigkeiten anderweitig einzusetzen – »Dieser Sprung ist mir doch sehr gut gelungen«, findet Helga Thurmann.

Selbstvertrauen

Ingrid Schippke

»Lass dich nicht zu sehr beeinflussen.«

Vor meinem Besuch bei Ingrid Schippke, war ich etwas nervös, um ehrlich zu sein. Am Telefon hatte sie mir gesagt, dass ihr Partner vor Kurzem verstorben war. Mit fremden Menschen über den Tod von Angehörigen sprechen, ist immer schwer. Ich hatte Angst, mit meinen Fragen über Frau Schippkes Leben und die Lehren, die sie daraus gezogen hat, frische Wunden wiederaufzureißen. Begegnet bin ich dann einer offensichtlich sehr widerstandsfähigen Frau, die sich womöglich ihrer Stärken und Errungenschaften, so, wie sie ich sie durch ihre Erzählungen wahrgenommen habe, gar nicht wirklich bewusst ist. Sie gehörte zu den Frauen, von denen ich später mit meinen Freunden erzählt habe. Und auch die waren sehr beeindruckt von Ingrid Schippkes Zähigkeit. Wo ich also eine trauernde, labile Person erwartet hatte, trat mir eine große und offene Frau mit einer alten Dalmatinerdame entgegen, die mir ganz ohne Zurückhaltung von ihren Erlebnissen berichtete.

Ich bin 1936 geboren. Die Kriegsjahre habe ich hier in Berlin erlebt. Immer musste ich daran denken, dass meine Mutter alleine ist. Wir wurden in der Zeit zweimal ausgebombt. Genau in unserem Schlafzimmer war die Bombe eingeschlagen. Das war am Geburtstag von meiner Mutti, mit der ich alleine lebte – der 13. Februar 1943. Wir hatten das Fleisch aufgesetzt, Kuchen gebacken und haben für ein paar Stunden das Haus verlassen. Unseren kleinen jungen Hund ließen wir in der Wohnung. Dorthin sind wir allerdings nie wieder gekommen …

Nach der Zerstörung unserer Wohnung begaben wir uns ins Nachbarhaus zu meinen Großeltern. Dort hörten wir auf einmal ein Jaulen. Die Fensterscheiben in unserer vierten Etage waren drin geblieben, aber dahinter war nichts mehr. Die Küche hatte keinen Boden mehr. Ein Freund von meiner Mutter ist dort hinaufgeklettert, von der Wohnung meiner Oma aus, und hat den Hund geholt. Doch der war so schwer verletzt, dass er ihn letzten Endes erschossen hat. Im Alter ist es so, dass du dich auf einmal ganz intensiv daran erinnerst. Ich habe förmlich diesen verbrannten Geruch in der Nase.

Durch die Kontakte meines Großvaters kam ich bald kurzzeitig mit meinen Großeltern in Doberlug-Kirchhain in Brandenburg unter, doch habe ich es dort nicht lange ausgehalten. Meine Mutter war unterdessen in ihre Wohnung gezogen, weil sie selbst keine bekommen konnte. Als meine Großeltern später aus Brandenburg zurückkehrten, hing andauernd der Haussegen schief. Sie behandelten meine Mutter wie ein Kind. Sie durfte zum Beispiel auch keine Männer mit in die Wohnung bringen. Dabei war sie so ein lebenslustiger Mensch, der auch mit mir tanzen und ins Kino gegangen ist. Dort hat sie mich im Mantel hineingeschmuggelt.

Wir haben später ein Zimmer in der Erdgeschosswohnung eines Ehepaars gefunden. Dort kamen wir aber nur unter der Bedingung unter, dass wir alle 14 Tage den neun Meter langen Korridor bohnern. Meine Mutter hat mittlerweile auf dem Bau gearbeitet und danach in einer Tischlerei. Wenn sie nach Hause kam, wollte sie sich eigentlich nur eine halbe Stunde auf unserem gemeinsamen Bett ausruhen. Aber sie ist nicht mehr aufgestanden. Ich musste sie immer irgendwann wecken, weil ich ja auch ins Bett wollte. Sie stand dann kurz auf, hat sich gewaschen und danach weitergeschlafen. Nun raten Sie mal, wer alles gemacht hat! Wer den Korridor gebohnert hat, wer die Wäsche gemacht hat … Da war ich vielleicht zehn Jahre alt. Sie konnte also auch kein richtiges Elternteil sein zu der Zeit. So bin ich zu einem Großelternkind geworden. Die beiden hatten das Sagen in meinem Leben. Der Konflikt zwischen ihnen und meiner Mutter hat mich sehr gezeichnet. Ein bisschen wie bei einem Scheidungskind.

Im Jahr 1952, als ich 14 Jahre alt war, kam die Frage auf: »Was lernst du nun?« Wir hatten ja durch den Krieg wenig Schule. Ich bin gleich in die dritte Klasse gekommen, habe die achte Klasse übersprungen und nach der neunten die Schule verlassen. Da kam mir der Zufall zu Hilfe. Ich habe nämlich einen Brief zur Post gebracht und kam auf die Idee, im Büro mal nachzufragen, ob es dort womöglich eine Lehrstelle gibt. Und die suchten tatsächlich nach Lehrlingen. Ich hatte mich aber auch noch beim Aufbau Verlag beworben, weil ich im Schreiben immer schon ganz gut gewesen war, und so dachte ich, das wäre das Richtige für mich. Jedoch waren meine Großeltern, die mich in jeder Weise beeinflusst haben, dagegen. Und zu dem Zeitpunkt, als die Post mir zugesagt hatte, kam auch Antwort vom Aufbau Verlag, der mich zu einem Gespräch einlud. Meine Großeltern wollten, dass ich zur Post gehe, weil sie davon überzeugt waren, dass mir dort eine Pension gezahlt wird. Ich stand komplett unter ihrem Einfluss. Nach dem Unterschreiben des Vertrages habe ich in der S-Bahn noch eine Backpfeife gekriegt, weil ich immer gesagt habe: »Ich will aber gar nicht zur Post!« Und gleich am ersten Tag, nachdem ich irgendwelche Versackarbeiten gemacht hatte, habe ich Flöhe mit nach Hause gebracht.

Einen Monat später kam ein Stellenvorsteher, der war 22 Jahre alt, auf mich zu und lud mich in ein Tanzlokal ein. Und da habe ich zugesagt und daraus ist im Jahr 1954, als ich 17 war, eine Ehe entstanden, die über 40 Jahre währte. Mit zwei Kindern. Aber so richtig glücklich waren wir auch nicht. Wir hatten eigentlich geheiratet, um eine Wohnung zu bekommen. Man kriegte ja sonst nichts, weil erst noch so viele Wohnungen gebaut werden mussten. Wenn man nicht verheiratet war, nahmen die Behörden den Antrag erst gar nicht an. So war das im Grunde eine Zweckeheschließung. Bei ihm zu Hause waren drei Kinder, also wollte er dort raus und ich wollte ebenfalls ausziehen. Wir haben uns schon auch geliebt, aber damals war eben alles anders. Sein Großvater hatte eine Einzimmerwohnung für uns, weil seine Frau gestorben war und meine Schwiegermutter ihn aufnahm. Als mein Mann zur Armee kam, habe ich diese renovieren lassen und kurz darauf sind wir dort eingezogen. Aus dieser Wohnung kamen wir aber auch nicht wieder raus. Da hatten wir nach einiger Zeit zwei Kinder und ein Zimmer. Wir sind dort bis 1962 geblieben. Danach fanden wir eine Wohnung mit drei Zimmern, aber mit der Toilette auf dem Flur. Dort haben wir 22 Jahre ausgeharrt. Und in dieser Wohnung hier lebe ich jetzt 40 Jahre.

Auf der Post wollte ich gern am Schalter arbeiten, weil mir Menschenkontakt schon immer wichtig war. Und das war fast unmöglich. Manchmal kam es sogar vor, dass ich am Schalter saß und wenn ein Zusteller krank wurde, musste ich meine Sachen packen und seine Arbeit übernehmen. Ich habe so viele Tränen vergossen dabei. Denn es gab keine Hausbriefkästen wie heutzutage. Das waren Häuser mit zum Teil vier bis fünf Aufgängen, fünf Stockwerken und selbst unter dem Dach lebten noch welche. Wenn ich die Leute nicht finden konnte, musste ich manchmal weinen. Mein Mann war bei der Armee, weil er nicht den Arbeitsplatz bekommen hatte, den er sich gewünscht hatte. Dort war er aber gar nicht glücklich. Jedoch hat er darüber nicht gesprochen. Nur durch Zufall habe ich später erfahren, dass er dreimal versucht hat zu kündigen, was dort allerdings als desertieren betrachtet worden wäre.

Dass ich nicht arbeiten ging, nachdem meine Kinder kamen, lag auch wieder an meinen Großeltern. Die meinten, dass Frauen, die Kinder kriegen und dann arbeiten gehen, schlechte Mütter sind. Das ging so weit, dass sie sagten: »Wenn du die beiden in den Kindergarten steckst, brauchst du dich bei uns nicht mehr sehen lassen!« Und in diesen sechs Jahren war ich im Grunde immer alleine. Ich war verheiratet, mein Mann nicht. So kann man das sagen. Ich war immer allein mit den Kindern. Meine einzige Abwechslung war freitags mit den Kindern zu meiner Oma zu laufen und dort für 10 Mark sauber zu machen. Das war das Geld, das mir am Wochenende für die Familie zur Verfügung stand. Mein Mann ging oft aus und bei ihm auf Arbeit wurde unter Kollegen viel getrunken. Und so ist er dann geblieben. Ich hab auch bis heute nicht erfahren, ob es da vielleicht andere Frauen gab. Er kam ja des Öfteren erst spätnachts zurück. Nachdem ich sechs

Jahre mit den Kindern zu Hause gewesen war, kam ich wieder ins Postscheckamt, in das ich vorher gewechselt hatte, weil ich diesem Zustelldienst entfliehen wollte. Das hätte auch jeder andere machen können, da mussten Listen nur nach Ort und Nummer sortiert werden.

Ich bin in der Nachforschung gelandet, wo ich es zur stellvertretenden Leiterin brachte. In dem Bereich blieb ich bis zur Wende, dann wurde die Arbeit dieser Abteilung eingestellt. Ich habe mich entschlossen, nicht bei der Post zu bleiben, weil ich davon ausgegangen bin, dass ich als Frau eines NVA-Offiziers dort ziemliche Probleme mit den Mitarbeitern gehabt hätte. Das war unfassbar, selbst für mich. Das große Problem war ja, dass ich nur wenig Arbeitslosengeld bekam, da ich vorher nur halbtags gearbeitet hatte, um meine Großeltern zu pflegen. Das Arbeitslosengeld lief bald aus … und dann starb mein Mann und ich hatte gar nichts. Das war der Hammer. Irgendwann bekam ich meine Witwenrente und habe mir einen Job für ein paar Stunden im Monat gesucht. So habe ich, bis ich 68 war, für eine Sicherheitsfirma gearbeitet, also zum Beispiel nachts Gebäude bewacht. Das waren Zwölf-Stunden-Schichten.

Nach dem Tod meines Mannes 1992 war ich mit einer Nachbarin bei einer Werbeveranstaltung, wo ich meinem künftigen Lebensgefährten begegnet bin. Der lebte nebenan. Und meine Nachbarin hat mich immer überreden wollen, ihm meine Telefonnummer zu geben. Ich habe ihn auf eine Tasse Kaffee eingeladen und ab dem Tag ist er immer vorbeigekommen, um irgendetwas zu reparieren, weil er ja Hausmeister hier im Block war. Und irgendwann sind wir zusammengezogen und waren noch über 20 Jahre zusammen. Er ist vergangene Weihnachten verstorben, aber ich komme ganz gut zurecht, weil es eine Art Befreiung war. Es war so schwer zum Schluss. Er hatte Blutkrebs und davor wurden ihm die Blase sowie die Prostata herausgenommen. Dadurch hatte er einen Katheter gehabt und das war für mich das Schlimmste. Es ist furchtbar. Es ist so furchtbar. Und er war sehr tapfer gewesen, trotz all der Schmerzen. Aber er hat nichts gesagt, er hat alles mit sich selbst ausgemacht. Ich muss sagen, man kann das Wort »froh« nicht benutzen, aber ich bin befreit. Das war so eine große Last. Ich habe ihn 16 Jahre gepflegt. Von 2001 an. Wir hatten acht schöne Jahre miteinander. Ich hatte zuerst gemerkt, dass etwas nicht stimmt und wollte ihn zum Urologen schicken. Doch er meinte immer, ihm fehle nichts. Und als er endlich ging, war es schon zu spät. Seine Pflege war irgendwann eine solche Belastung, dass ich sogar schon zusammengebrochen bin.

Mein Leben war also eher von Niederlagen als von Erfolgen geprägt. Positives Denken fällt mir ganz schwer. Immer schon. Sich von Sorgen auch lösen zu können, weil ich schließlich keinen Einfluss auf den Lauf der Dinge habe, das ist mir nicht gelungen. Wobei heute die Möglichkeiten natürlich andere sind, wir wurden damals auch ein bisschen klein gehalten. Aber ich bin niemand, der meckert, ich kann nicht genau sagen, was ich anders machen würde. Ich würde auf jeden Fall immer allen helfen, wo ich kann, selbst wenn die mir das später nicht danken. Meine Mutter hat immer gesagt: »Allzu gutmütig ist dumm!« Das mag stimmen, aber ich kann mich eben nicht ändern. Ich würde immer meinen Euro teilen. Dazu würde ich mir auch immer raten. Ich bin also traurig und niedergeschlagen auf der einen Seite und hilfsbereit auf der anderen. Da muss ich mich ganz doll hüten, mich nicht hinzulegen und nicht mehr aufzustehen. Nur zur Post wäre ich definitiv nicht gegangen. Das war eine ganz schön primitive Angelegenheit, bei der ich mich oft unterfordert gefühlt habe. Ich war meinen Großeltern nicht mal böse, dass sie mich so sehr dazu gedrängt hatten. Dazu war ich zu gutmütig und zu naiv. Heute würde ich sagen, man sollte sich nicht allzu sehr von seinen Eltern (oder Großeltern) beeinflussen lassen, obwohl junge Erwachsene heute sicher weniger Probleme haben, sich freizuschwimmen.

൞ ൞ ൞

Heute denkt Frau Schippke manchmal noch daran. »Was wäre geworden, wenn ich damals auf mich gehört hätte? Außerdem hätte ich erst viel später geheiratet. Das waren wirklich die Umstände damals. Aber diese Ehe hat mich in meiner persönlichen Entfaltung doch eingeschränkt. Allein schon durch das Politische, weil mein Mann ja in der Armee war. Die anderen Frauen seiner Kameraden gingen nicht arbeiten. Die konnten also nicht wissen, wie das ist, auf der Straße beleidigt zu werden, weil man sich angeblich einen Pullover von Steuergeldern gekauft hat, weil wir ja keine Steuern zahlen mussten. Auf der Arbeit sprachen meine Kolleginnen über die Sendungen, die sie im Westfernsehen geguckt hatten – auch das war bei mir zu Hause absolut nicht erlaubt. Aber in der Partei war ich nicht. Das wäre das Letzte gewesen«, sagt sie resolut. Trotzdem kommt auch sie zu dem Schluss, dass sie im Großen und Ganzen alles noch mal genauso gemacht hätte. Mit Ausnahmen: »Ich hatte nach unserer Heirat mal das Angebot eine Lehrausbildung zu machen, für die ich aber zwei Jahre lang zwischen Berlin und Dresden hätte pendeln müssen. Ich habe mich vorbereitet und sogar schon meine Koffer gepackt und als ich die Wohnung verlassen wollte, um zum Bahnhof zu fahren, sagte mein Mann: ›Wenn du jetzt fährst, brauchst du nicht wieder kommen!‹ Ich habe mich in dem Fall erneut beeinflussen lassen und habe also meinen Koffer wieder ausgepackt.«

Dabei hätte sie das so gerne gemacht, sagt Frau Schippke, denn sie findet, das hätte ihr gelegen. »Heutzutage würde das gar nicht mehr passieren!« *Am Tag darauf spricht mir Frau Schippke auf die Mailbox, um eines zu betonen:* »Also, ich habe noch mal nachgedacht und ich wäre, wenn ich etwas hätte anders machen können, auf keinen Fall zur Post gegangen!«

Kommunikation

Heinrich und Brigitte S.

»Da hätte man mehr diskutieren müssen.«

Das Gespräch mit Heinrich und Brigitte S. ist für mich eine Begegnung, über die ich im Nachhinein noch lange nachgedacht habe. Ich habe die beiden in ihrem Zuhause besucht, das zahlreiche Kindermalereien zieren. Doch erfuhr ich im Lauf des Gesprächs mit dem Paar, dass das Thema Kinder ein sehr schwieriges ist, das zwar im Raum stand und angesprochen wurde, doch eigentlich auch gemieden wird. Für die Veröffentlichung ihrer Geschichte ziehen beide die Anonymität vor. Mit Ratschlägen an sich selbst waren beide sehr zurückhaltend. Andererseits hat unser Treffen einen bleibenden Eindruck bei mir hinterlassen, nämlich insofern, als zwei Fremde mir gegenüber zum Ausdruck gebracht haben, welchen Erfahrungen im Leben sie gern anders begegnet wären. Die Reue hat in meinen anderen Gesprächen oft eine geringe Rolle gespielt, entweder, weil es keine gab, oder, weil nicht darüber gesprochen wurde. Heinrich und Brigitte S. haben mir am meisten über Momente der Reue verraten, wenn sie diese auch nicht als prägend für ihr gemeinsames Leben empfinden.

༄ ༅ ༄

Heinrich S. erzählt, er habe eine normale Jugend verbracht. »Ich bin 1936 geboren. Meine drei Schwestern und ich sind hier in Berlin-Zehlendorf geboren. Klar, dass ich mitbekommen habe, dass Krieg ist, jedoch war ich verhältnismäßig geschützt als Kind. Ich hatte keine traumatischen Erlebnisse, ich habe keine Leichen gesehen oder Ähnliches. Meine Mutter war Hausfrau und hat sich rührend um uns Kinder gekümmert, aber sie war unpolitisch. Mein Vater war Zahntechniker und überzeugter Nazi. Im Krieg war er dann Soldat in Russland und im Baltikum. Bis zum Leutnant hat er es gebracht. 1948 kam er als ziemlich gebrochener Mann aus der amerikanischen Kriegsgefangenschaft zurück und ist später schon im Alter von 51 Jahren gestorben. Die Kriegszeit haben wir später im sogenannten Warthegau verbracht, in der Nähe der Städte Posen und Bromberg. Vom Kriegsgeschehen haben wir Kinder dort gar nichts gemerkt. Im Januar 1945 sind wir im offenen Güterwagon nach Berlin zurückgekehrt. Mein Vater kam erst über drei Jahre später, im Mai 1948. Daran kann ich mich sehr gut erinnern: Ich war mit zwei meiner Schwestern im Park spielen. Wir wollten dort nämlich Maikäfer suchen. Da war eine schöne Eiche, auf die ich raufgeklettert bin, in der Hoffnung, dass man dort die Käfer findet. Da kam ein Mann durch den Park, der sagte: ›Was macht ihr denn da, Kinder?‹ Ich bin von dem Baum runtergerutscht, auf ihn zugelaufen und habe ihn umarmt. Ich habe also erkannt, dass das mein Vater ist, obwohl wir uns jahrelang nicht gesehen hatten. Er war ja schon seit 1940 im Krieg gewesen.

Die Amerikaner hatten damals die Kriegsgefangenen im ehemaligen KZ Dachau untergebracht, da war jedenfalls mein Vater. Aber er hat nicht viel darüber gesprochen. Überhaupt haben die ehemaligen Nazis, die aus dem Krieg zurückkehrten, wie mein Vater, nicht darüber gesprochen. Auch später, als ich schon auf dem Gymnasium war, wo du ja Fragen hast und wissen willst, wie die Erwachsenen an all das geglaubt haben können, gab es bei uns keine Gespräche darüber. Und nicht bloß in unserer Familie. Ich kann auch nicht genau sagen, ob ich wirklich ein Verlangen nach Antworten von meinem Vater hatte. Ich habe nicht gefragt. Ich würde sagen, ich habe mich nicht getraut zu fragen. Aber irgendwie war das ein allgemeines Problem meiner Generation. Meine Mutter war unpolitisch, die wusste nicht, dass es ein KZ gab. Als Student zum Beispiel habe ich die Gedenkstätte Auschwitz besichtigt und als ich dort sagte: ›Meine Mutter wusste nicht, dass es Konzentrationslager gab.‹, bin ich von dem Leiter der Besichtigung beschimpft worden. Das könne nicht stimmen, alle haben davon gewusst. Mein Vater hat gar nicht darüber gesprochen. Sein Einfluss auf mich war verhältnismäßig gering. Damals gab es ja krasse Unterschiede zwischen dem Umgang mit einem Sohn und dem Umgang mit einer Tochter. Bei den drei Töchtern hat er versucht, Einfluss zu nehmen, vor allem sollten sie nicht etwa mit einem Kind nach Hause kommen. Ich wiederum hab mich immer frei gefühlt.

Die Nachkriegszeit war eine Mangelzeit, das ist klar. Das hat den Vorteil, dass ich nachher feststellte, dass es uns wirtschaftlich gesehen immer besser ging. Das ist ein Vorteil unserer Generation, dass es zu Anfang sehr knapp war. Ich habe Abitur gemacht, studiert und bin Bauingenieur geworden, hier an der Technischen Universität zu Berlin. Eine Besonderheit des Studiums und auch meines Lebens war, dass ich Austauschstudent in Polen war. Dass ich nach Polen ging, kam dadurch, dass ich ein Praktikum im Ausland machen wollte. Bei der Vermittlungsstelle an der Uni gab man mir ein Formular, auf dem ich drei Wunschziele ankreuzen konnte. In meinem Fall waren das Norwegen, Schweden und Polen. Und dann hatte ich also die Möglichkeit, ein Praktikum in Polen zu machen. Und weil das damals zum Ostblock gehörte, hat mich das sehr interessiert, zumal ich einige Vorstellungen, aber auch Ängste hatte. Wir wussten viel über das Leben in der DDR, darum habe ich mich gefragt, ob Polen wohl genauso ist. Außerdem hat sich mir die Frage gestellt, wie man dort als Deutscher aufgenommen wird, nach dem, was die Wehrmacht dort angerichtet hat. Doch die meisten Polen haben die Russen sehr viel mehr gehasst.

Ich habe dort festgestellt, dass die polnische Mentalität eine ausgesprochen romantische ist. Bei diesem Praktikum habe ich ein bisschen die Sprache lernen können, was ich, zurück in Berlin, an der Uni in einem Polnisch-Kurs vertieft habe. Dann wurde ich auf einen Austausch zwischen der Volksrepublik Polen und der Bundesrepublik Deutschland aufmerksam und habe mich dafür beworben. Beim Auswahlverfahren in Bonn konnte ich mich gegen Studenten der Slawistik und Polonistik durchsetzen, unter anderem, weil ich als Ingenieur ein Exot war und weil viele der Mitbewerber ihre Sprachkenntnisse durch Studien erworben hatten, während ich ja schon sechs Wochen in Polen verbracht hatte. Danach machte ich in Berlin mein Examen und wurde mit 26 Jahren Diplom-Ingenieur. Ich bin an der Universität geblieben, als Assistent. Dort habe ich auch promoviert. Ich hatte in dieser Zeit mehrere Freundinnen, aber damals noch keine Lust zu heiraten. Ich habe also lange eine Bindung gescheut. Mit 28 habe ich Brigitte kennengelernt und als ich 31 war, habe ich sie geheiratet.«

Brigitte S. ist 1938 in Berlin-Wedding geboren. »Ich bin als Einzelkind aufgewachsen. Mein Vater war schon 45, als ich geboren wurde. Der hat noch im Ersten Weltkrieg gedient. Aber 1939 war er zu alt, um eingezogen zu werden, sodass sie ihn in die freiwillige Feuerwehr gesteckt haben. Er war also immer in Berlin. Und dann war es so, dass Hitler die Kinder aus Berlin raushaben wollte. Schließlich wurde bombardiert und er brauchte junge starke Menschen für den Wiederaufbau. Darum hat er sie nach Ostpreußen, Schlesien und so weiter geschickt. Überall Richtung Osten. Da hat mein Vater gesagt: ›Da sind die Russen zuerst und mit den Russen will ich nichts zu tun haben.‹ Er hatte Bekannte mit einer kleinen Gaststätte und Ferienzimmern in der Lausitz, in der Nähe von Golßen. Da habe ich also das Kriegsende erlebt – die Vergewaltigung der Frauen, die Ankunft der deutschen Flüchtlinge aus Guben und so weiter. Der Januar war sehr, sehr kalt. Ich erinnere mich, wie sich die Leute um diesen alten Kanonenofen gedrängt haben, um ihre Finger aufzuwärmen. Im Mai 1945 waren wir zurück in Berlin, nachdem wir uns zu Fuß auf den Weg gemacht hatten. Unterwegs liefen wir an toten Russen, an toten Pferden vorbei, über denen die Fliegen schwärmten – aber irgendwie schüttelt man das ab. Wir wollten ja weiterleben. Das kann man sich heute nicht mehr vorstellen. Ich habe dann bis 1953 die Volksschule besucht. Eigentlich hatte ich eine Empfehlung für das Gymnasium, doch meine Eltern wollten, dass ich arbeiten gehe. Als ich von der Schule abging, gab es eine ziemlich große Arbeitslosigkeit. Meine Eltern waren auch beide ohne Arbeit. Da hat man also gerne junge Leute genommen, die dann keine Mark verdienten, sondern nur 52 Pfennig die Stunde. Ich war im Grunde eine Hilfsarbeiterin, ein Lehrberuf war nicht drin. Das hätte der Familie zu wenig Geld gebracht. Bis ich 21 war, habe ich gearbeitet und dann habe ich mit meinem Freund, den ich später geheiratet habe, eine Radtour von Berlin über Paris bis an die Côte d'Azur und wieder zurück unternommen. Da konnte ich mich auch gegen meine Eltern durchsetzen. 1962 ist mein ältester Sohn geboren. Und seitdem war ich nicht mehr erwerbstätig. Dass ich keine Ausbildung gemacht habe, bedauere ich nach wie vor. Dass ich in dem Punkt nicht energischer gewesen bin und gesagt habe: ›Kommt nicht in Frage, ich lerne etwas!‹ Aber dafür war ich eben nicht stark genug. Das war ja in meiner Umgebung auch üblich. Der höchste Beruf, den man erlernen konnte, war Verkäuferin. Das wäre so etwas wie ein Zugeständnis der Eltern gewesen.«

»Das war eben damals so«, erklärt Heinrich S. »Auch bei meinen Schwestern. Bei mir hieß es immer: ›Der geht aufs Gymnasium.‹ Und die Mädchen nicht. Meine älteste Schwester hat sich jedoch durchgesetzt. Die war zunächst auf der Realschule. Durch Freunde aus dem Sportverein wurde sie dazu ermutigt, Abitur zu machen. Sie kam nach Hause und meinte, sie wolle jetzt aufs Gymnasium. ›Da muss ich halt noch Französisch nachlernen, das mach ich aber!‹, meinte sie. Also hat sie die Schule gewechselt und ihr Abitur gemacht. Dann ist sie Lehrerin geworden. Meine Eltern waren mit ihrer Entscheidung einverstanden, aber von ihnen stammte die Idee nicht. Bei mir wiederum war das Abitur selbstverständlich. Während der Schulzeit habe ich mir Taschengeld durch Nachhilfestunden verdient. Als ich ab 1955 Student war, habe ich zunächst als Praktikant (Stundenlohn 56 Pfennig) und später als Bauhilfsarbeiter (Stundenlohn 1,63 Mark) gearbeitet. Ich habe damit so viel Geld verdient, dass ich kein Geld mehr von zu Hause brauchte. Und danach habe ich auch noch ein Stipendium bekommen.«

»Begegnet sind wir uns auf einem Sommerball, den die damalige Berliner Grafikschule ausrichtete, die mein erster Mann besucht hat, um Künstler zu werden«, erinnert sich Frau S. »Ich hatte meine beiden Kinder bei meinen Eltern abgegeben und war dort mit meinem Ehemann verabredet. Der aber kam nicht und kam nicht. Doch dann kam Heinrich. Und da war ich weg. Mein Mann hatte eine Freundin noch während unserer Ehe. Wir haben uns einvernehmlich scheiden lassen und irgendwann ist auch der Kontakt verloren gegangen.« Herr S. erklärt: »Dass wir geheiratet haben, war schon etwas Außergewöhnliches. Bei unseren Freunden gab es diese Unterschiede nicht, die wir hatten. Die meisten von ihnen sind während der Ausbildung zusammengekommen, haben sich verliebt und beide noch gearbeitet, bevor sie irgendwann eine Familie gegründet haben. Nicht wie ich, der ja studiert hat und gut im Beruf stand, und Brigitte, die bereits verheiratet war, ohne Berufsausbildung in einer Fabrik gearbeitet hat, bevor sie zwei Kinder bekam. Du wolltest ja dann auch wieder arbeiten gehen, wenn der Nachwuchs aus dem Haus ist«, sagt Herr S. an seine Frau gewandt. »Das Problem war eben, dass man ohne eine Berufsausbildung nicht viel machen konnte. Aber meine Frau hat sich mit ein paar anderen Müttern zusammengetan, die im Wechsel die Kinder bei sich zu Hause (in sogenannten Minigruppen) vormittags betreut haben, statt sie in den Kindergarten zu geben.«

»Am Montag hat die eine Mutter die ganzen Kinder genommen«, so Frau S., »von 9 Uhr morgens bis 13 Uhr nach dem

Mittagessen, und am Dienstag war die nächste dran. Davor habe ich manchmal noch nebenbei geputzt und damit Geld verdient. Außerdem war ich vier Jahre lang Schöffin und in der Spielplatzkommission des Bezirksamts.« Zudem hatte Herr S. ein zeitaufwendiges Hobby: »Nach dem Studium hatte ich mit dem Segeln begonnen und bin irgendwann Vorsitzender vom größten Segelverein hier geworden, der dann ein Lebensschwerpunkt in unserem Leben wurde. Ich habe zwar bei der Heirat die Verantwortung für die Kinder übernommen, es aber auch genossen, dass Brigitte sich dazu bereit erklärt hat, sich alleine um den Haushalt zu kümmern, wenn ich zur Regatta gefahren bin. Zum Dümmer oder nach Bayern …« – »Nach Mexiko, nach Sardinien, nach Südfrankreich …«, fährt Brigitte S. fort. »Da war er dann tagelang weg und ich hatte 200 Quadratmeter Haushalt, 800 Quadratmeter Garten und fünf Kinder zu umsorgen. Ich habe mich nicht gelangweilt. Mein Leben lang habe ich darunter gelitten, dass ich kein Abitur gemacht habe. Aber ich habe mich eben anders weitergebildet, durch Theater und Konzerte, ich habe viele Ausstellungen besucht, mir Filme angesehen. Ich liebe Jazz, diese Musik begleitet mich mein Leben lang. Ich weiß noch, mein erstes Konzert war 1953: Lionel Hampton im Sportpalast. Aber ich war eben nicht selbstbewusst genug gewesen, um mich gegen meine Eltern durchzusetzen. Damals gab es den Beruf technische Zeichnerin, für den man eine Ausbildung brauchte. Dazu hatte mich ein Lehrer damals überreden wollen. Als der mich später wiedergetroffen hat, fiel er aus allen Wolken, als er hörte, was ich mache. Denn meine Eltern hatten ja Nein zu dieser Ausbildung gesagt. Bis 21 hatten die Eltern eben das Sagen. Und wie gesagt, dass ich mich in dem Punkt nicht durchgesetzt habe, das bedaure ich heute noch«, gibt Frau S. zu.

»Eine vernünftige Berufsausbildung ist schon sehr wichtig für ein glückliches Leben«, so ihr Mann, der fortfährt: »Unsere Ehe ist sicher keine Musterehe geworden, aber eins kann man über sie sagen: Sie war interessant, langweilig war's nicht. Die Aufgabe, für die Familie zu sorgen, habe ich immer sehr ernst genommen. Meine Frau legte auch Wert darauf, dass sie nicht mit einem Kind im Bauch heiratet, damit es nicht heißt, ich hätte keine andere Wahl gehabt. Und dann haben wir uns geeinigt, ein gemeinsames Kind zu bekommen. Und danach wollten wir noch ein weiteres. Sie ist tatsächlich noch einmal schwanger geworden, was nicht geplant war.« – »Ich hatte die Pille vergessen«, wirft seine Frau ein. »Das wurden dann Zwillinge, ein Junge und ein Mädchen«, erzählt er weiter. »Und das ist der traurigste Punkt für uns, der Junge ist nicht mal drei Monate alt geworden. Er lag eines Morgens tot im Bett.«

»Das war natürlich ein Schock. Darüber haben wir aber kaum gesprochen und werden es auch hier nicht tun. Dass wir das verarbeitet haben, ohne darüber zu reden, ist für die Erziehung der Kinder sicher auch ein Problem gewesen. Wir hätten mit ihnen sprechen sollen, denn für die ist das ja auch ein Trauma gewesen, das nicht aufgearbeitet worden ist. Ich habe prinzipiell kein Problem damit, über schwierige Themen zu sprechen, was damit zusammenhängt, dass ich Wissenschaftler bin. Da lebt man schließlich davon, Fragen zu stellen und Antworten zu finden. Allerdings ist das Wissen, das man sich da erwirbt, sehr begrenzt auf spezielle Gebiete Ich bin Ingenieur und also in Bezug auf Psychologie ein Laie. Gerade in Fragen der Kindererziehung … Sicher, da hätte man mehr diskutieren sollen. Aber da habe ich auch so meine Defizite gehabt. Eine weitere negative Erfahrung war, dass zwei der Kinder abgehauen sind. Die haben sich bei uns nicht mehr wohlgefühlt und da gab es dann Streit.«

»Ich spreche kaum über mich«, erklärt Frau S. auf die Frage hin, inwiefern das große Schweigen ihrer Elterngeneration sie geprägt hat. »Ich mach das meistens mit mir selber ab. Manchmal zieh ich falsche Schlüsse, manchmal sind sie richtig. Ich kann Dinge, die mich im Inneren bewegen, anderen nicht mitteilen, auch nicht meinem Mann. Da muss ich mit mir selber klarkommen. Früher

habe ich mich öfter darüber aufgeregt, aber mittlerweile bin ich gelassener. Glücklich bin ich nicht ... aber zufrieden«, sagt sie abschließend. »Ich kann schon sagen, dass ich in der Gegenwart glücklich bin. Wenn ich nicht glücklich wäre, müsste ich etwas ändern. Aber ich mache auch immer noch die Dinge, die ich will. Wie zum Beispiel meine geplante Paddeltour, obwohl meine Frau nicht mehr mitkommen kann«, erklärt Heinrich S., woraufhin seine Frau ergänzt: »Weil ich dann sage: ›Ja schön, dann bin ich eben alleine zu Hause. Das macht mir nichts‹.«

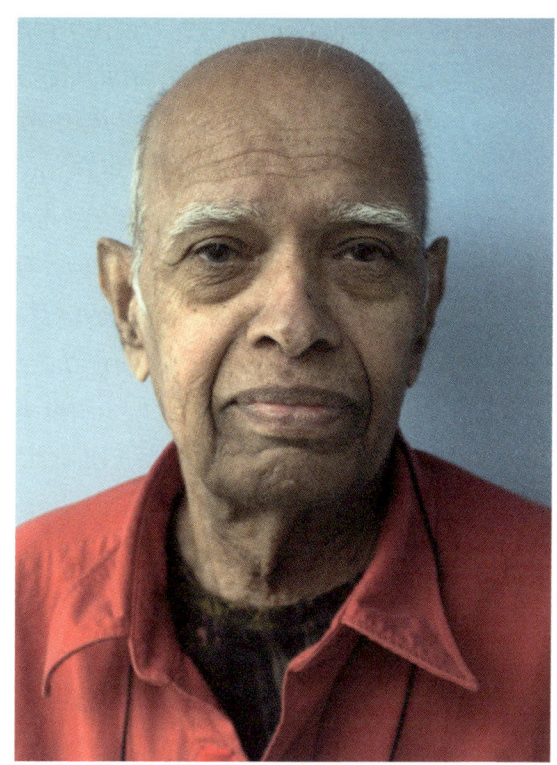

Intuition

Mansha Ram Singh

»Lerne deinen inneren Kompass zu nutzen!«

Schon vor meinem Treffen mit Mansha Ram Singh war mir klar, dass wir ein ungewöhnliches Gespräch führen würden. Denn vorab hatte er mir eine Zusammenfassung seines Lebenslaufs geschickt – und eine Erklärung der drei verschiedenen Ichs des Menschen. Zudem bin ich nie zuvor einem Hypnotiseur begegnet. Tatsächlich habe ich von Mansha Ram Singh einiges über das Unter- und das Überbewusstsein sowie über Wiedergeburt gelernt. Das sind Themen, die mir in meinen anderen Interviews bisher überhaupt nicht untergekommen sind. Doch ein Gespräch mit Herrn Singh, der im gleichen Atemzug über Esoterik und über Maschinenbau sprechen kann, gab mir eine Fülle von Denkanstößen. Und Geschenke. Denn ich habe das Haus mit den zwei größten Muscheln verlassen, die ich in meinem Leben gesehen habe. Die lagen dort so herum – und als ich Herrn Singh sagte, wie schön ich die fände, hat er mir beide ohne lange zu fackeln in die Hand gedrückt.

☙ ❧ ☙

Ich bin 1939 in Sitapur im nordindischen Bundesstaat Uttar Pradesh auf die Welt gekommen. Meine Mutter ist gestorben, als ich sehr jung war, und so wurde ich von einer ziemlich grausamen Stiefmutter großgezogen. Das war die böseste Frau, die ich jemals kennengelernt habe. Sie hat zum Beispiel meine ältere Schwester zur Strafe mit dem Kopf über das offene Feuer gehalten und ihr auf diese Weise die Haare versengt. Das habe ich miterlebt und so gilt für mich heute noch: »Nicht mit mir!« Das ist mein Lebensmotto mehr oder weniger. Wenn sich also eine Situation ergibt, mit der ich nicht einverstanden bin, tue ich entweder alles, um diese zu ändern, oder sehe zu, dass ich wegkomme. Ich kann mich erinnern, dass ich ab dem Alter von 14 von zu Hause abhauen wollte. Mit meinem Vater habe ich mich überhaupt nicht verstanden. Er hat versucht, mich nach dem Vorbild des ersten indischen Premiers Jawaharlal Nehru zu erziehen und wollte, dass ich Arzt werde. Da hatte ich schon mit vier Jahren drei Lehrer. In Indien hat man, zumindest damals, Politiker wie Götter verehrt. Das habe ich nie verstanden. Zwar steckt in jedem von uns ein Teil Gottes, doch bleibst du ja Mensch. Hierzulande ist die Religion ziemlich in den Hintergrund getreten. Viele können damit nichts anfangen, das finde ich eigentlich schade. Jede Religion sollte doch eigentlich mit den anderen auskommen. Egal ob ich mich als Hindu, Moslem, Christ oder Spiritueller bezeichne … Das ist völlig wurscht. Hauptsache ist doch, dass ich an etwas glaube.

Bis ich gemerkt habe, dass mir das alles zu lästig ist, war ich schon in der Schule. Irgendwann begann ich, dagegen zu protestieren, täglich mit der Kutsche zur Schule gebracht und von dort wieder abgeholt zu werden. Schließlich wollte ich Zeit mit meinen Mitschülern verbringen. So habe ich mich nach und nach widersetzt. Mein Vater und ich hatten somit einen ständigen Kampf. Das war die Zeit, in der ich anfing, meinem inneren Kompass zu folgen. Mein Glück war, dass ich mit 14 auf die Lehren und Schriftstücke des Hofpriesters von Jhansi Ki Rani stieß, die unter dem Namen Lakshmibai bekannt ist. Das war eine Herrscherin der Stadt Jhansi in Uttar Pradesh aus dem 19. Jahrhundert. Damals war ich im Haus eines Klassenkameraden und habe ihn gefragt, was hinter dieser verschlossenen Tür steckt. Und der entgegnete, dass dort das Zimmer seines verstorbenen Großvaters liegt. Nachdem er mir erzählte, wer das gewesen war, nämlich dieser Hofpriester, habe ich mich also einen ganzen Sommer lang eingesperrt und seine Lehren und Schriftstücke studiert. So habe ich mir auch mein Wissen über vedische Horoskope angeeignet, die ich übrigens heute noch anfertige. Diese Studien halfen mir, meinen inneren Kompass auszurichten. Und der hat den Lauf meines Lebens bestimmt.

Zu Abiturzeiten – ich seh es noch direkt vor mir – stand ich in der Pause nicht weit entfernt von einer Gruppe von Mitschülern, die sich aufgeregt um einen Zeitungsausschnitt geschart hatten. Das hat mich interessiert. Also bin ich auch dorthin und die anderen haben mir den Zettel in die Hand gedrückt. Das war eine kleine Annonce einer Schule in Bombay mit Informationen zur Anmeldung. Weil ich mit meinem Vater immer im Clinch lag, bin ich nach der Schule direkt in den Bus gestiegen und in meinen Geburtsort Sidapur gefahren, um mich dort mit meinem Onkel mütterlicherseits zu beraten. Das sind etwa 100 Kilometer dahin. Aber ich wollte nichts anbrennen lassen. Mein Onkel hat mein Vorhaben unterstützt und mir ein paar Zeilen geschrieben. Zu Hause war mein Vater verärgert darüber, dass ich mich auf eigene Faust auf den Weg zu meinem Onkel gemacht hatte, um mit ihm meinen Plan zu besprechen. Es hat dann neun Monate gedauert, eh ich von ihm eine Unterschrift bekam. Ich war ja noch minderjährig und brauchte sein Einverständnis.

Das Auswahlverfahren war sehr streng. Innerhalb eines bestimmten Zeitraums wurden landesweit 4500 Bewerber geprüft, wovon 200 zu einem Vorstellungsgespräch nach Bombay eingeladen wurden. Letzten Endes schafften es 45 dieser Bewerber an die Schule. Mit 17 Jahren habe ich Kanpur mit wehenden Fahnen verlassen, um diese Elite-Schule zu besuchen, die dem indischen Verteidigungsministerium angegliedert war. Ich habe somit mein höchstes Ziel erreicht. Mein Vater war immer noch dagegen, dass ich nach Bombay gehe. Er hat nicht verstanden, warum. Auf der Schule habe ich mich mit Maschinenbau befasst – genauer gesagt mit Werkzeugmaschinen, also solchen, die wiederum weitere Maschinen herstellen. Die Schule war von Premier Nehru in Kooperation mit der Schweizer Firma Oerlikon gegründet worden. Darum wollte ich auch noch mal hier in Deutschland Maschinenbau studieren, weil ich bei Oerlikon von vielen deutschen Mitarbeitern ausgebildet wurde.

Über diese Schule gehörte ich als Zivilist zum Verteidigungsministerium. 1959 wurde dann die Atombehörde neu gegründet. Dafür hatte sich die Regierung in verschiedenen Ministerien umgesehen, um herauszufinden, wer als Gründungsmitglied qualifiziert ist. Ich wurde ausgewählt. Das war ganz lustig: Eines Tages bin ich auf Arbeit gekommen und meine Kollegen schickten mich in dieses Büro. Dort erklärte mir ein Beamter, dass ich vom Ministerium ausgewählt worden sei, um die Atombehörde mitzugründen. Zu den Konditionen zählte das doppelte Gehalt und ein Arbeitsplatz im Zentrum Bombays. Mein Schreibtisch hätte einen direkten Blick aufs Meer. Mir wurde an jenem Tag sofort ein Vertrag und ein Stift vor die Nase gelegt. Doch ich bat um Bedenkzeit, was den Beamten ganz aus der Bahn warf. Was es denn da nachzudenken gebe, wollte er wissen. Immerhin könne ich dort das doppelte Gehalt verdienen. Mitten in Bombay … und überhaupt: Die Neugründung der Atombehörde! Der hat mich für verrückt gehalten.

»Ja ja«, habe ich gesagt. »Ich laufe aus Ihrem Büro raus, gehe zu dem Fenster dort drüben und wieder zurück, und dann komme ich wieder rein und gebe Ihnen meine Antwort. Das dauert nur ein paar Sekunden!« Damit war er einverstanden. Also habe ich das gemacht und dann habe ich unterschrieben. Zu dem Zeitpunkt hatte ich mich schon um die Aufenthaltsgenehmigung in Deutschland bemüht. Meine Kündigung ein paar Monate später haben mir die Leute natürlich übel genommen. Ich habe dann von 1963 bis 1966 mein Maschinenbau-Diplom in Bayern gemacht. Während der letzten Semesterferien bin ich nach Indien zurückgekehrt, um auf Jobsuche zu gehen. Bei den indischen Behörden war ich nämlich schon als im Ausland tätige qualifizierte Arbeitskraft registriert.

Gleich nach meiner Ankunft am Flughafen, bin ich zu meinem Treffen mit dem zuständigen Beamten gefahren. Der druckste in unserem Gespräch sehr viel rum, deshalb habe ich ihn gefragt, warum er so um den heißen Brei redet. Da gab er sich einen Ruck und erklärte mir: »Weißt du was? Indien braucht dich – die Inder brauchen dich nicht.« Das war seine persönliche Einschätzung. Für mich war die Sache damit klar. Anscheinend wollte Premierminister Nehru keine Einflüsse von außen. »Vielen Dank«, meinte ich. »Dann bleibe ich eben in Deutschland.« Das Thema Indien war somit für mich erledigt.

Ich habe mein Studium beendet und bin hier geblieben. Hier habe ich auch meine Familie gegründet, ich habe zwei Kinder. Mein

Sohn lebt in München und meine Tochter lebt mit ihrer Familie in Berlin. Ich war auch verheiratet. Wir haben uns in den Achtzigern getrennt, doch wir sind im Guten auseinandergegangen. Heute haben wir einen besseren Kontakt als während unserer Ehe. Wir sind stolz auf unsere Kinder. Bei einer Rundreise durch Indien mit meiner Ex-Frau hatte ich die Idee, meinen Vater zu uns nach Hause einzuladen. Denn in Indien hatten wir wenig Zeit, um miteinander zu sprechen. Ständig waren Leute um uns herum. Er war dann vier Monate hier und wir haben über alles Mögliche diskutiert. Danach habe ich ihn nie wiedergesehen.

Gearbeitet habe ich nach meinem Abschluss für verschiedene Konzerne, darunter kurz bei Siemens. Ich habe ungefähr mit 63 aufgehört als Maschinenbauer zu arbeiten. Neben meinen Horoskopen gebe ich heute noch Kurse in indischer Küche und sitze im Ausschuss der Bewohner dieses Hauses. Während meiner Berufslaufbahn habe ich angefangen, mich für Hypnose zu interessieren. Ich war nämlich Teil eines Auswahlgremiums, das Bewerber für unseren Konzern beurteilt hat. Damals habe ich darüber nachgedacht, wie ich am besten herausfinden kann, wie Menschen so ticken – sowohl innerlich als auch äußerlich. Ich sehe mich da wie einen Apfelwurm, der die Oberfläche abtastet und hier und dort tiefer bohrt. Mittlerweile bin ich ein Reinkarnations-Hypnotiseur. Ich betrachte mich als Brücke und arbeite deshalb intensiv sechs bis acht Stunden mit Leuten, die mich um Hilfe bitten. Im Indischen ist der Glaube an die Reinkarnation weit verbreitet, während das Christentum sie als Irrglaube sieht. Ich jedoch bin davon überzeugt. Für meine Begriffe gibt es keine Wiedergeburt in irdischer Form, woran man in Indien glaubt. Du bist schließlich nicht rein zufällig hier. Deine Seele hat sich deine Mutter ausgesucht, da der Kosmos auf Ausgleich besteht. Darum hast du hier noch Aufgaben zu erledigen, die du vor zig Jahren in anderen Zusammenhängen nicht meistern konntest. Du bist hier, um diese Probleme aufzuarbeiten. Dafür brauchst du deinen inneren Kompass.

༄ ༅ ༄

Mansha Rahm Singh spricht aus, was gewiss sehr vielen regelmäßig widerfährt, egal ob sie nun seinen Glauben teilen oder nicht: »Kopf und Unterbewusstsein widersprechen einander ja oft. Der Kopf zweifelt am Unterbewusstsein.« *Darum lautet sein Rat, sich mit seiner inneren Stimme auseinanderzusetzen und ihr Gehör zu verschaffen.* »Wenn du dich auf deine Intuition total verlässt, hilft sie dir ständig. Sogar im Schlaf. Sie ist dein Diener. Und du hast Anspruch auf seine Hilfe.« *Es sei wichtig zu lernen, sich die eigene Intuition zunutze zu machen, statt sie zu unterdrücken, fährt Singh fort. Das Bewusstsein ist die Fähigkeit, seine Intuition zu verstehen, lerne ich. Die Fähigkeit, seinen inneren Kompass zu lesen.* »Leute reden viel zu viel. Das sind bloß Kopfmenschen. Also die Leute, die nur die Materie und ihre fünf Sinneseindrücke kennen, mit denen man es in Europa besonders häufig zu tun hat.« *Wenn dieses Gefühls-Ich nicht ausgeprägt ist, sagt der Inder, kann es sein, dass man einem 70-Jährigen mit dem Unterbewusstsein eines Fünfjährigen begegnet.* »Obwohl ich Kopfmensch bin, kann ich mir trotzdem mein Unterbewusstsein zunutze machen – und mein Überbewusstsein, also das, was auch ›drittes Auge‹ genannt wird«*, erklärt Singh.* »Wer das pflegt, lernt sich selbst besser kennen und weiß andere besser zu verstehen.«

Risikobereitschaft

Hans-Walter Rudloff

»Du musst an dein Können glauben!«

In unmittelbarer Nähe des illustren Berliner Kurfürstendamms lebt Hans-Walter Rudloff mit seiner Frau und das schon seit 40 Jahren. In der Küche hängen Zeitungsausschnitte, die die gastronomischen Erfolge des 80-Jährigen feiern. Denn Gäste bewirten, erfahre ich, dafür hatte er stets das richtige Gespür. Er und seine Frau haben nicht nur erfolgreich verschiedene Geschäfte unterhalten, sondern waren dadurch auch immer am Puls der Zeit. Herr Rudloff hat ein beeindruckendes Erinnerungsvermögen, sodass seine detaillierten Ausführungen sofort Bilder im Kopf auslösen – wie bei einem Hörbuch. Er beschreibt das Leben, das er und seine Frau geführt haben, als Zigeunerleben. Das Paar ist viel rumgekommen und immer war etwas los. Stets hatten beide neue Ideen, an deren Umsetzung sie sich ohne großes Zögern machten – selbst wenn ihnen die Leute keinen Mut zusprachen.

ॐ ॐ ॐ

Wir waren 50 Jahre selbstständig und haben immer erfolgreich Gastronomie gemacht. Immer erfolgreich. Wir haben unsere Geschäfte alle verkauft und die sind danach stets pleite gegangen. Wir haben eine Kneipe gehabt, eine Curry-Bude auf dem Kurfürstendamm, ein Bistro … Das Bistro war unser bester Laden. Das war in der Konstanzer Straße. Wir waren die ersten, die in Berlin das Essen im Stehen angeboten haben. Wir hatten einen Tante-Emma-Laden gekauft und diesen dann zu einem Bistro umgebaut. Drei Stehtische, eine Küche, zudem Verkauf von Wein, Sekt und Schokoladen. Wir haben ein tolles Geschäft gemacht. Die Leute haben zuerst gesagt: »Wie kann man im

Stehen überhaupt essen? Das gibt's doch gar nicht! Zum Essen setzt man sich hin!«

Wir hatten davon in der Zeitung gelesen. Meine Frau ist damals nach München gefahren, um sich dort den ersten Stehimbiss anzusehen, und hat mir dann verkündet: »So was machen wir auch.« Mit dem Umbau des Ladens ist unser ganzes Geld draufgegangen. Die Leute haben gesagt, dass wir damit furchtbar auf die Schnauze fallen werden. Doch letzten Endes war das der durchschlagendste Erfolg, den wir je hatten. Wir haben 250 Essen am Tag verkauft. In zwei Stunden. Die Speisekarte hat jeden Tag gewechselt, wir hatten drei Köchinnen. Das war ein toller Laden. Die ganze Schickeria von vor 40 Jahren ist dort eingekehrt – Juhnke und die Bürgermeister. Wir sind damit durch alle Zeitungen gegangen. Meine Frau hat gekocht. Sie hat das Kochen nie gelernt, aber sie hat ihre Fertigkeiten dort zur Perfektion ausgebaut. Das war Wahnsinn. Wir haben um 8 Uhr aufgemacht und um 12 war der Laden voll. Geschlossen haben wir um 6. Im Sommer gab's vier Wochen Urlaub, im Winter hatten wir von Weihnachten bis zu den Heiligen Drei Königen geschlossen, Samstag und Sonntag war zu. Die ganze Gastronomie-Szene von Berlin kam zu uns, um uns abzukupfern. Das haben viele gemacht. Aber mit richtig guter Küche! Seitdem wir den Laden vor 20 Jahren verkauft haben, sind wir Rentner. Ich werde jetzt 80, meine Frau ist zwei Jahre jünger. Da sieht man schon langsam die Endhaltestelle des Lebens vor sich.

Geboren bin ich am 26. Juni 1937 in Berlin-Kreuzberg. Mein Vater kam aus Oberschlesien. Er war Kellner und später Soldat.

Dann kam der Krieg und meine Mutter, meine Schwester und ich sind evakuiert worden. Wir kamen nach Brandenburg in ein kleines Dorf namens Bärensprung, wo meine Oma Leiterin eines Heims für schwer erziehbare Mädchen war. In diesem Gutshaus haben wir zum Kriegsende die Ankunft der Russen erlebt. Das war eine hässliche Sache. Hässliche Sachen sind da passiert, sehr hässlich. Ich war etwa acht Jahre alt und habe schon alles mitgekriegt. Was ich nicht mitgekriegt habe, hat meine Oma mir Jahre später erzählt. Ich kann mich erinnern, dass eines Tages zwei Jeeps mit russischen Soldaten und russischen Offizieren kamen. Die Offiziere haben alle Deutsch gesprochen, denn das war früher in Russland die erste Fremdsprache. Die haben nicht nach der Wehrmacht gefragt, sondern nach der SS. Vor der SS hatten die Russen einen Heidenrespekt gehabt. Dann sind sie weggefahren und einen Tag später kam die Front auf uns zu. Vorher waren noch deutsche Soldaten, die rückfluteten, mit einem Bus und zwei Kübelwagen bei uns vorgefahren und haben von meiner Oma Essen verlangt. Die sind nach zwei Tagen abgehauen. Und dann kamen die Russen. In dem Heim waren ungefähr 16 Mädchen, die mussten bis zu 14 Stunden am Tag arbeiten. Ich kann mich erinnern, unten ebenerdig war die Küche, eine große Küche mit einem festen Herd in der Mitte. Gegenüber dem Eingang waren vier oder fünf Fenster, durch die man auf den Hof blicken konnte. Ein Teil war aber von Geräten bedeckt. Über diesen Fenstern war ein Brett angebracht, auf dem Weckgläser standen. In den zwei großen Gärten wurden Birnen, Pflaumen und Mirabellen angebaut. Und die Ernte wurde immer eingeweckt. Wir standen alle unten in der Küche, als sechs Russen reinkamen. Das war damals eine grausame Geschichte. Und einer von ihnen hob seine Maschinenpistole, schoss auf die Gläser und hat sich diebisch dabei gefreut. Der Inhalt dieser Weckgläser floss langsam die Wand runter und hinterließ Schlieren. Ab und zu blieb etwas hängen und dann plumpste es auf die Fenstersimse und das Glas fiel runter. An all das kann ich mich noch genau erinnern und dann sind die Russen zu den Mädchen nach oben gegangen und das ist dann eine hässliche Geschichte.

Meine Oma kam aus Oberschlesien, sprach Deutsch, Polnisch und etwas Russisch, und konnte kochen. Das war unser Glück. Denn in dem Gutshaus hatten sich die Offiziere einquartiert, die Soldaten hatten sich bei den Bauern breitgemacht. Meine Oma hat mir hinterher alles erzählt, vieles hatte ich ja noch nicht in Verbindung bringen können. Die Nazis hatten damals alle Jahrgänge an die Front geschickt und da es also keine Arbeiter mehr gab auf den Feldern, gab es in der Industrie und in der Rüstung sehr viele Fremdarbeiter. Russen, Franzosen, Polen ... Bei uns waren Polen und Russen Fremdarbeiter und haben die Feldarbeit gemacht und da sie nach der Ideologie der Nazis Untermenschen waren, haben die natürlich in den Stallungen geschlafen und minderwertiges Essen gekriegt. Das war damals so. Als die Russen uns erobert hatten, sind die Fremdarbeiter zu den Soldaten gegangen und haben gesagt: »Der da hat mir immer in den Arsch getreten!« Da ist der Russe zu demjenigen hingegangen und meinte: »Du kommst mit!« Und den haben wir dann nie wieder gesehen. Die haben alle Rache genommen. Die sind zu dem Altbauern gegangen und haben gesagt: »Du schläfst jetzt im Stall und ich schlaf in deinem Bett.« Die haben alles umgedreht. Das war ein Dorf mit etwa vier Gehöften. Es gab keine Kirche, keinen Laden, keine Kneipe, kein nix. In dem Gutshaus war noch eine Ärztin, die zwei sehr junge Kinder hatte und selbst stramme Nazifrau war. Als die Russen langsam auf unser Dorf zu marschierten, hat sie ihre beiden Kinder vergiftet und in die Betten von meiner Schwester und mir gelegt. Meine Mutter hat sie dann im Wald begraben. Die Ärztin ist in das nächste Dorf gelaufen, wo es eine kleine Wacht mit einer Holzbrücke gab. Dort ist sie hin und hat sich erschossen.

Die Nachkriegszeit hier in Berlin war schlimm. Die Stadt war eine einzige Trümmerwüste. Es gab nichts, es gab einfach nichts mehr. Es gab keine Läden, es gab keine Gesetze. Der Winter 1945/1946 war sehr kalt gewesen. Es ist kein Wasser geflossen. Wenn man auf Klo wollte, ist man nebenan in die Ruine gegangen und hat dort irgendwo hingekackt. Und der Winter 1946/1947 hat alles geschlagen, was in Berlin bis dahin je gemessen worden war. Nachts gab es Temperaturen von minus 22 Grad. Es gab keinen Strom, kein Gas. Nichts zu essen, nichts zu heizen. Die Scheiben waren alle kaputt und wurden nur mit Pappe notdürftig repariert. Ich hab mit meiner Schwester im Bett gelegen. Wir hatten zwei Hosen, zwei Trainingsanzüge und drei Pullover an und haben uns aneinandergeschmiegt, damit es ein bisschen wärmer wird. Es gab nichts. Im September 1945 bin ich hier in die Schule gekommen. Wir saßen da im Winter mit Mänteln, Mützen und Handschuhen bei klirrender Kälte.

Nachdem ich die Schule hinter mich gebracht hatte, wollte meine Mutter, dass ich Bäcker und Konditor werde. Denn es ging ja vor allem darum, satt zu werden. Einen Berufswunsch, so wie heute, Universität und Bildung – das gab's alles nicht. Man musste zusehen, dass man irgendwo unterkommt. Doch in der Bäckerei wollte man mich nicht, weil ich nicht genug Einsen auf dem Zeugnis hatte. Also bin ich Kellner im historischen Hotel am Steinplatz geworden. Das gehörte damals einer Frau Erna Zellermayer, ihr Sohn Heinz leitete das Restaurant. Der war mit Winnie Markus verheiratet, das war früher eine ganz bekannte Filmschauspielerin an der Ufa. Und weil sie meine Chefin war, sind bei uns alle Stars und Sternchen eingekehrt. Die Romy Schneider kannte ich noch, als sie so klein war. Dann Liselotte Pulver, Ernst Deutsch … die kamen jeden Tag zu uns zum Essen.

Als Lehrling habe ich im ersten Jahr 20 Mark verdient, im zweiten Jahr 30 Mark und im dritten Jahr 50 Mark. Die Garderobe mussten wir selber stellen. Lehrlinge wurden damals verprügelt, wegen Kleinigkeiten gab es gleich ein paar Ohrfeigen. Die Kellner waren vorher alle Soldaten gewesen und die hatten einen rauen Ton drauf, einen sehr rauen Ton. Wie das damals war, kann man heute gar nicht mehr beschreiben. In unseren Umkleiden haben riesige Ratten gehaust und wenn ein Gast mal ein bisschen was übrig gelassen hat, haben wir das gleich mitgegessen. Essen war überlebenswichtig. Nach meinem Abschluss bin ich nach Westdeutschland auf Saison gegangen: Hamburg, Frankfurt, Bodensee. In Bayern habe ich meine Frau kennengelernt. Dann ist mein Vater gestorben und meine Mutter hatte eine Currywurst-Bude auf dem Kurfürstendamm. Die haben wir übernommen. In der haben wir bis 1 oder 2 Uhr nachts dort gestanden und sie danach in eine Seitenstraße geschoben. Dort haben wir so einiges erlebt. Die Studentenunruhen zum Beispiel, mit Rudi Dutschke und Rainer Langhans, Uschi Obermaier und die Kommune 1. Bei den Studenten hieß der Kurfürstendamm damals Ho-Chi-Minh-Pfad. Denn der kommunistische Revolutionär aus Vietnam und Ché Guevara waren deren Vorbilder. Dann zogen sie zu Tausenden die Straße runter und riefen: »Ho Ho Ho Chi Minh!« Da sagte meine Frau zu mir: »Du, die Studenten kommen« und wir haben zusammen unsere Bude hinter eine Tankstelle geschoben, denn die haben aus der Masse heraus Banken und Geschäfte mit Steinen beschmissen. Später, als wir die Kneipe hatten, kamen auch Studenten zu uns und haben sich auf der Toilette ihren Schuss gesetzt. Vorher gab es Rauschgift ja gar nicht so. Eine Freundin von mir, ein Stammgast, hatte einen aufklappbaren Ring, da war LSD drin. Davon habe ich mal genascht. Danach habe ich drei Tage auf dem Klo verbracht.

Aus meiner Kellner-Ausbildung habe ich etwas machen können, obwohl die eigentlich nur eine Notlösung gewesen war. Man hat mir später auch angeboten, eine höhere Laufbahn einzuschlagen. Da wäre ich erst in die Schweiz vermittelt worden, wo ich Französisch und Englisch gelernt hätte, dann wär's nach Frankreich, England und nach Südamerika gegangen. Aber das habe ich nicht gemacht, denn ich wollte Geld verdienen. Ich bin lieber auf Saison gegangen und habe mir so mein erstes Auto kaufen können – einen Volkswagen Käfer. Wir haben uns nach einer Weile selbstständig gemacht und hatten unter anderem eine schöne Kneipe in der Leibnizstraße. Mit Hochzeitszimmer, mit kleinem Restaurant und großer Küche.

Wir haben Jazz-Frühstück gemacht, Dampferfahrten, Hoffeste … Das große Kaufhaus Hertie hat bei uns seine Weihnachtsfeiern ausgerichtet. Wir waren also sehr rührig. Unter anderem verkehrte da auch die damals gegründete Botschaft der Bundesrepublik in der DDR. Die hieß nicht Botschaft, sondern Ständige Vertretung. Wir kannten ein paar Leute, die bei uns getagt haben. Es war eine Sekretärin dabei, der ich von unserer Zeit in diesem brandenburgischen Dorf erzählt hatte. Sie hat mir daraufhin einen Tagesausweis besorgt, sodass ich dort hinfahren konnte. Ich habe dieses Gutshaus gefunden, davor geparkt und bin dann durch das große Portal und über den Hof gegangen. Da saß eine junge Frau an einem Tisch und hat gelesen. Ich hatte Schokolade dabei, Kaffee und Zigaretten – alles Dinge, die damals in der DDR ein bisschen Mangelware waren. Und ich habe mich vorgestellt und gesagt, dass ich in diesem Haus einen Teil meiner Kindheit verbracht habe. Bei Kaffee und Kuchen habe ich ihr daraufhin erzählt, was damals dort alles so passiert war. Und sie hat mir angeboten, mich ein bisschen umzusehen. Mittlerweile war das Haus ein Hort für Schulkinder. Unsere Küche von damals war inzwischen ein Gerümpelraum. Wir gingen dort rein, ich sah zum Fenster und wie vom Blitz getroffen, entdeckte ich diese Schlieren von dem zerschossenen Obst. Die waren alle noch da. Nach 40 Jahren! Auch die Einschüsse waren noch zu sehen, auch wenn die Löcher mit Kalk gefüllt worden waren. Das hat mich damals so berührt. Als ich in dieser alten Küche stand, habe ich meine Jugend noch mal vor mir gesehen. Wie die Russen dort reingekommen waren. Ich bin später erneut dort hingefahren, auch nach der Wende noch.

Kinder haben wir keine. Gastronomie und Kinder, das verträgt sich einfach nicht. Wir waren in Bayern, dann in Hamburg, dann in Berlin. Da hätten die Kinder ja immer umgeschult werden müssen. Vor allem habe ich in der Kneipe viel gesoffen, obwohl ich nie abhängig war. Als wir die Kneipe verkauft haben, hörte ich damit auf. Ich habe aus Freude am Beisammensein mit den Gästen gesoffen. Manchmal eine Flasche Schnaps am Tag. Ich bin damals ab und zu zum Lebertest gegangen und die meinten, dass das gar nicht gut aussieht. Dann bin ich nach Bad Kissingen zur Kur gefahren und dort zu einem Experten gegangen, der ein alter Regimentsarzt war. Ich habe auch noch geraucht. 100 Zigaretten am Tag! Der hat mir Pillen verschrieben und mir eine Schlafkur verpasst. Da hab ich zwei Wochen nur geschlafen. Nur für die Toilette und das Essen bin ich aufgewacht. In der Zeit habe ich nicht geraucht und nicht getrunken. Und das blieb dann auch fast so. Ein paar Mal habe ich noch etwas getrunken, doch als wir das Bistro hatten, habe ich 20 Jahre keinen Alkohol getrunken. Nicht mal ein Glas Wein oder ein Bier. Mit Rauchen habe ich auch nichts mehr am Hut. Früher bin ich schwimmen gegangen, durch das Rauchen konnte ich irgendwann keine zwei Bahnen mehr schwimmen. Also habe ich das Schwimmen aufgegeben, dabei hätte ich mal lieber das Rauchen aufgeben sollen.

Wir hatten eine tolle Kneipe. Als wir die gekauft haben, ist der Biervertrag ausgelaufen. Früher hatten die Schultheiß-Brauereien den Mietvertrag gehabt und dann musste der Wirt deren Bier nehmen und kein anderes. Dann kamen die Vertreter zu uns und haben gefragt, ob wir den Vertrag verlängern wollen.

Sie würden uns auch zusätzlich noch 30 000 Mark geben. Das haben wir abgelehnt und haben dann drei Sorten Bier angeboten. Wir hatten Schultheiß, König Pilsener und Altbier. Das war unser Gewinn, dass wir drei Sorten Bier im Hahn hatten. Wir hatten später mit Schultheiß eine neue Abmachung, dass die uns alles stellen, von neuer Fassade über die Reklame und die Gläser bis hin zu einem Bierfass für jeden Besitzer zum Geburtstag und einer Brauereibesichtigung pro Jahr. Die waren immer sehr wichtig, da haben wir unsere ganzen Stammgäste mit dem Taxi hingefahren und danach gab es Eisbein, Bier und Schnaps zum Abwinken.

Du musst wissen, wie man mit Leuten umgeht. Wir waren richtige Mülleimer für die Sorgen der Leute. Wir haben alles gewusst, was im Kiez passiert. Wer mit wem fremdging, auf wen die Rente zukam, wer von der Stütze lebte. Wir hatten die Kneipe fünfeinhalb Jahre und jeden Tag war sie voll. Wir haben damals in der Kneipe viele Stammgäste gehabt, die haben mit uns geredet, aber zu Hause haben sie untereinander kein Wort gewechselt. Ein Paar zum Beispiel hat sich über den Hund miteinander unterhalten, da sagte sie zum Beispiel: »Dein Herrchen soll mal mit dir rausgehen.« Der Umgang mit all diesen Menschen hat einen ein bisschen großzügiger gemacht im Leben. Und wir wissen, dass es wichtig ist, miteinander zu reden. Wir haben gerne gearbeitet. Nachdem wir den letzten Laden verkauft haben, haben wir uns gefragt: »Was machen wir jetzt?« Da war ich 60. Unsere Antwort lautete: »Wir reisen jetzt ein bisschen.« Dann sind wir so zehn bis zwölf Jahre herumgereist. Ich habe die Parkinson-Krankheit, aber ich zittere nicht, ich kann nur nicht mehr viel laufen. Aber mir geht's einigermaßen gut. Ich hoffe, dass das noch ein paar Jahre so geht. Man ist halt 80, da kann man nicht mehr über die Hecke springen.

»Wir haben viel riskiert«, sagt Herr Rudloff abschließend. Jedoch hätten sie auch viel Glück gehabt. Für das Bistro ging das letzte Geld der beiden Eheleute drauf. »Wir haben immer alles auf eine Karte gesetzt. Uns war klar, dass, wenn das in die Hose geht, wir betteln gehen müssten. Ich finde schon, dass ich ein risikofreudiger Mensch bin.« Seine Frau ergänze ihn da sehr gut, findet der 80-Jährige. Doch weist er darauf hin, dass Risiken auf sich zu nehmen, viel harte Arbeit und verschiedene Interessen erfordert – und dass man auch mal laut werden muss. »Manchmal muss man auch Krach machen, um Erfolg zu haben. Für unsere Gaststätte wollten uns die Behörden erst keine Alkoholkonzession geben, dann hat meine Frau den Beamten lautstark daran erinnert, dass er uns diese aber schon zugesichert hatte. Schließlich hat er unterschrieben«, erinnert er sich. Letzten Endes sei der Schlüssel zum Erfolg der Glaube an sich selbst. »Du musst von deinem eigenen Können überzeugt sein und dahinter stehen, damit deine Bemühungen auch etwas bringen.«

Einsicht

Rudolf Höll

»Um Menschen überzeugen zu können, muss auch aus eigenen Fehlern gelernt werden.«

Rudolf Höll lebt in dem gleichen Block wie Frau Schippke. Ich habe ihn und seine Lebensgefährtin ein paar Tage nach meinem Gespräch mit ihr besucht, sodass mir der starke Gegensatz zwischen den beiden Schicksalen noch stärker bewusst würde. Herr Höll steht nach wie vor hinter der DDR und ihren Idealen. Er hat sich aufmerksam dem Studium des Antifaschismus und Sozialismus gewidmet, deren Weltanschauungen er als richtig empfindet und als hoher Offizier der Volkspolizei geholfen, diese Gesellschaftsordnung aufrechtzuerhalten. Der Schmerz, der in den Erzählungen von diesem gescheiterten Staat mitschwingt, ist mir nicht neu. Schließlich teilen viele, vor allem ältere Ostdeutsche, diesen Mix aus Emotionen wie Enttäuschung, Resignation und Zorn über den Umgang mit dem Andenken an die DDR. Herr Höll ärgert sich, dass »das wahre Leben in der DDR verleumdet wird«. Ich habe bisher noch nicht mit jemandem gesprochen, dessen Leben sich im Rückblick so sehr um diesen Staat drehte. So sprachen wir bei unserem Treffen zwar über sein Leben, doch vor allem sprachen wir über seine Erinnerungen an ein Land, das nicht mehr ist, und das, wie er sagt, ein »besseres Deutschland sein wollte«.

ཀ ཀ ཀ

Ich stamme aus dem Sudetenland. Das war ein Teil der Tschechoslowakei, in dem damals fast nur Deutsche gewohnt haben. Ich bin am 19. Dezember 1930 geboren und in der Nähe von Karlovy Vary in einem kleinen Dorf aufgewachsen. Dort habe ich bis 1944 die Volksschule besucht. Danach stellte sich die schwierige Frage, welchen Beruf ich erlernen sollte. Mein

Vater war Schmied, darum sollte ich es ihm gleichtun. Das wollte ich aber nicht. Ich habe schließlich eine Ausbildung zum Buchhändler angefangen, mit der war es ab Kriegsende allerdings schnell vorbei, da die Bücher alle faschistischen Inhaltes waren. Danach habe ich zu Hause notgedrungen beim Bauern ausgeholfen. Anfang 1946 folgte die Aussiedlung der Deutschen aus der Tschechoslowakei. Wir durften nur das mitnehmen, was wir tragen konnten. Besonders jungen Männern drohte die Zwangsarbeit im Bergwerk. Darum bin ich mit meinem Freund über die Grenze bei Oberwiesenthal nach Sachsen. Nach langem Umherirren fanden wir schließlich Arbeit bei einem Bauern in der Nähe von Hannover. Meine Mutter wurde im Herbst 1946 aus ihrer Heimat vertrieben. Sie bekam im Kreis Wernigerode eine notdürftige Unterkunft. Im Dezember wurde mein Vater aus der Kriegsgefangenschaft entlassen. Auch ich kehrte zu meiner Familie zurück, sodass wir Weihnachten 1946 wieder vereint waren. Damit ich nicht nur beim Bauern arbeite und keinen Beruf habe, ich war zu dem Zeitpunkt ja bereits 16 Jahre alt, absolvierte ich von 1947 bis 1950 bei einem Großbauern eine Lehre zum Landwirtschaftsgehilfen. Damit war ich offiziell Landwirtschaftsgehilfe. Da ich nun ausgebildet war, hatte der Bauer kein großes Interesse mehr an mir, weil er mich besser hätte bezahlen müssen. Damit begann mein »neues« Leben.

In Lüttgenrode, wo meine Eltern wohnten, bin ich damals einem ehemaligen Freund begegnet, der bei der Volkspolizei war. Auch er hatte vorher in der Landwirtschaft gearbeitet und meinte, ich solle doch ebenfalls zur Polizei kommen, statt für wenig Geld beim Bauern zu schuften. Als ehemaliges Mitglied der Hitlerjugend hatte ich damals noch eine ganz andere politische Einstellung und trauerte dem Ende des Dritten Reichs hinterher. Mit den neuen gesellschaftlichen Verhältnissen hatte ich also zu jenem Zeitpunkt noch nichts im Sinn, doch hat mich dieser Freund irgendwie überreden können. Mit gemischten Gefühlen begann ich am 4. August 1950 in Osterwieck meine Laufbahn bei der Volkspolizei. Das war dann 40 Jahre lang mein Lebensweg. Dieser neue Beruf und der ideologische Einfluss waren für mich zunächst eine vollkommen andere Welt. Von Marx und Leninismus hatte ich vorher nie etwas gehört. Für mich waren die Germanen, der »Alte Fritz«, Bismarck und Hitler Leitbilder der deutschen Geschichte. Mit dieser neuen Weltanschauung konfrontiert, fing ich an, mich in das Thema zu vertiefen und intensiv zu lesen. Mit der »antifaschistisch-demokratischen« Ordnung von damals konnte ich mich identifizieren. Durch den faschistischen Krieg hatte ich mich damals doppelt bestraft gefühlt. Zum einen hat Deutschland verloren, zum anderen bin ich aus meiner Heimat vertrieben worden. Doch dann bin ich durch die systematisch politische Schule und mein eigenes Studium zu der Überzeugung gekommen, dass Antifaschismus, Demokratie und Sozialismus ein besseres Deutschland bedeuten würden. Und ich habe mich in den Dienst dieser Ideale gestellt.

Als Schutzpolizist habe ich mich bemüht, in Zusammenarbeit mit der Bevölkerung ein hohes Maß an öffentlicher Ordnung und Sicherheit zu schaffen. Auf Empfehlung meiner Vorsitzenden hin habe ich 1952 ein Jahr lang die Offiziersschule in Aschersleben besucht, wo ich 1954 Lehrer wurde. Als ich 1956 von den Verbrechen Stalins erfuhr, war ich so enttäuscht, dass sich bei mir zum ersten Mal Zweifel an diesem »besseren Gesellschaftssystem« regten. Trotzdem blieb ich ihm treu und besuchte von 1961 bis 1963 die Berliner Hochschule der Volkspolizei. Ich beschloss dann in Berlin zu bleiben. Von 1964 bis 1990 war ich im Stab des Präsidiums der Volkspolizei Berlin tätig. Dort habe ich mich vom Wachtmeister zum Oberst der Volkspolizei hochgearbeitet. eine Hauptaufgabe war die Sicherung von Großveranstaltungen und Staatsbesuchen, wobei ich den Einsatz der Volkspolizei bei den Demonstrationen am 7. Oktober 1989 mit großer Enttäuschung erlebt habe.

Auch im Privaten hatte ich ein bewegtes Leben: Ich war dreimal verheiratet. Seit 1995 lebe ich mit meiner Lebensgefährtin, friedlich und zufrieden. Zu unserem Familienglück gehören meine Tochter, die 1968 geboren ist, ihre drei Kinder und die zwei Söhne meiner Lebensgefährtin. Wir alle verstehen uns gut und sehen uns regelmäßig. Ich kann sagen, so glücklich wie jetzt war ich noch nie.

Denke ich heute an die DDR zurück, stelle ich fest, dass es auch erhebliche Unzulänglichkeiten gab. Ich finde, das Hauptproblem war, dass der Zwang dominierte, wo Überzeugung erforderlich gewesen wäre. Als Volkspolizist habe ich mir immer wieder die Frage gestellt: »Wenn wir eine bessere Gesellschaft aufbauen wollen, warum müssen wir da Gewalt anwenden?« Diese Zweifel kamen mir vor allem im Angesicht von Aufständen wie in Ungarn, Polen oder der Tschechoslowakei, die durch sowjetische Truppen niedergeschlagen wurden. Das war für mich ein Zwiespalt und Widerspruch: Auf der einen Seite die Idee des Friedens und auf der anderen Seite diese Gewaltherrschaft. Das hat mich oft erschüttert und enttäuscht, doch über diese Bedenken konnte ich natürlich im Kreis der Offiziere nicht sprechen. Trotzdem stehe ich zu dem Versuch, eine friedliche und gerechte Gesellschaft aufzubauen um den von Krieg und Profit dominierten Kapitalismus abzulösen. Obwohl ich heute der Auffassung bin, dass Missstände offen hätten angesprochen werden müssen, denke ich auch, dass das in diesem diktatorischen System keinen Zweck gehabt hätte.

Ich nenne mal ein persönliches Beispiel: 1970 sollte ich ein Jahr die Hochschule der Grenztruppen in Moskau besuchen. Damit war ich nicht einverstanden, da ich meiner Frau die Belastung mit den kleinen Kindern nicht zumuten wollte. Außerdem hatte ich bereits die notwendigen Qualifikationen, die ich für meine Arbeit brauchte. Darüber habe ich mit dem Präsident der Volkspolizei in Berlin gesprochen und der sagte mir ohne Umschweife: »Genosse Höll, wenn Sie den Besuch einer Hochschule in der Sowjetunion ablehnen, sind Sie in ihrer Funktion als Abteilungsleiter politisch nicht tragbar.« Das war's. Was sollte ich da machen? Zu Hause habe ich mit meiner Frau und meinen Eltern gesprochen, die mir ihre Unterstützung zusicherten und mir rieten, dem Hochschulbesuch zuzustimmen. Den Aufenthalt in Moskau bereue ich jedoch nicht, weil ich dadurch erleben konnte, wie Menschen dort leben, denken und handeln.

∽ ∽ ∽

Doch lenkt Herr Höll ein: »Meine Familie kam wegen meines Berufs oft an zweiter Stelle. Das war mein persönlicher Ehrgeiz. Ich war bestrebt weiterzukommen, das muss ich schon sagen.« So konnte er die Karriereleiter erklimmen, stellt der 87-Jährige fest. All die 40 Jahre lang habe er ehrlich, gewissenhaft, strebsam und vorbildlich seine Aufgaben erledigt. Dafür wurde er auch mehrfach ausgezeichnet. »Heute erkenne ich, dass dieser Erfolg auch auf Kosten der Familie ging. Auf sie hätte ich vielleicht doch mehr Rücksicht nehmen sollen.« Es stimmt jedoch, sagt Rudolf Höll, dass die Diktatur »sehr, sehr stark« war. Kritik zu üben sei durchaus immer gefragt gewesen – aber eben nach unten und nicht nach oben. Heute ist ihm klar: Mit Gewalt lässt sich nichts erzwingen. »Dein Grundsatz muss also sein, Menschen zu überzeugen. Dazu gehört, aus den Fehlern zu lernen, die gemacht wurden. Dafür offen sein, sich von anderen von etwas überzeugen zu lassen, ist also auch wichtig.« Trotzdem findet er den Wandel zu einer anderen, einer gerechten Gesellschaft notwendig. Denn mit dem Rückschlag, dass alles umsonst war, wofür so hart gearbeitet wurde, habe er sich bis heute noch nicht abgefunden.

»Ich bin für eine Gesellschaft in der Frieden, Gerechtigkeit und Umweltfreundlichkeit herrscht.« Wenn Herr Höll sieht, wie Menschen auf der Welt leiden müssen und aus ihrer Heimat fliehen, »dann tut mir das weh.«

Selbstzweifel

Helga Lüsebrink

*»Mach dich nicht immer so klein,
so groß bist du doch gar nicht!«*

Helga Lüsebrink treffe ich zu einer Zeit, in der auch sie an einem Buch arbeitete – nämlich an ihrer Autobiografie. Widerfahren ist ihr so manches im Leben. Und obwohl sie viele Herausforderungen gemeistert hat und sich dessen, wie ich denke, auch bewusst ist, kämpft sie mit Selbstzweifeln. Die 79-Jährige ist beeindruckend offen und kommunikativ; unser Gespräch war das längste von meinen Interviews. Womöglich eines der längsten, das ich je geführt habe. Denn wo die meisten Leute sich erst daran gewöhnen müssen, einer fremden Person von ihren persönlichen Höhe- und Tiefpunkten zu berichten und die Gedanken über sich selbst zu offenbaren, drückt Frau Lüsebrink ganz direkt aus, was sie bewegt. Bei unserem Treffen begegnete ich einer spannenden Frau, die sich bewusst mit sich selbst auseinandersetzt und mich daran teilhaben lässt.

ತಿ ತಿ ತಿ

Ich bin ein sehr spontaner und impulsiver Mensch. Meist handle ich aus dem Bauch heraus, ohne lange zu überlegen. Das ist nicht immer gut. Ich finde, das ist etwas leichtsinnig. Manchmal spreche ich auch schneller als ich denke. Doch wenn ich zurückblicke, habe ich mich dennoch allen Herausforderung gestellt und bin viele Risiken eingegangen. Bei banalen Dingen hingegen, wie beispielsweise bei einer Lesung, die ich bald halten soll, werde ich wieder unsicher und schätze mich als nicht gut genug ein. Ich denke dann: ›Die anderen sind viel besser als ich, und ich komme da mit meiner so einfachen Geschichte.‹

Ich kann mich oft nur sehr schlecht für etwas entscheiden. Ich frage oft zehn Leute um Rat; jeder sagt etwas anderes, und hinterher bin ich auch nicht schlauer. Große Dinge, wie ein Haus zu verkaufen, über Nacht nach Griechenland zu gehen oder mit über 40 Jahren noch die Branche zu wechseln, das packe ich sofort an. Wahrscheinlich geht es mir bei diesen Banalitäten darum, was die Leute von mir denken. Ich setze mich lieber für andere ein, als für mich selbst. Für mich selbst kämpfen, kann ich schlecht. Viel zu oft im Leben habe ich auf die Meinung anderer Leute gehört, obwohl mir meine Vernunft davon abgeraten hat. Manchmal habe ich das Gefühl, mit meiner Meinung anzuecken, und Angst, dadurch abgelehnt zu werden. Darum halte ich hier und da mit meiner Meinung hinterm Berg.

Im Beruf hatte ich ein starkes Selbstbewusstsein. Aber jetzt fehlen mir die Gelegenheiten, Bestätigung für mich und mein Tun zu finden. So entstehen also meine Zweifel. Ich war deswegen auch schon bei einem Psychologen; doch der meinte, ich brauchte gar nicht wiederzukommen. »Was wollen Sie denn hier?«, hat er gefragt. »Bleiben Sie mal so, wie Sie sind!«

Mein 2010 verstorbener Partner war Lungenfacharzt. Der sagte immer zu mir: »Wem du nicht passt, zu dem passt du auch nicht.« Ich muss also jemanden haben, der mir ein bisschen das Rückgrat stärkt. Eine sehr gute Bekannte von mir, eine enge Verbündete, die ich in Kulturkreisen kennenlernte, hat einmal zu mir gesagt: »Mach dich doch nicht immer so klein, so groß bist du doch gar nicht!« Ein guter Spruch ist das!

Geboren bin ich 1938 in Lüdenscheid im Sauerland. Dort bin ich aufgewachsen. Ich hatte ein schönes und gutes Elternhaus. Mein Vater musizierte, er hat Violine gespielt und gemalt, Landschaften, Portraits und dergleichen. Er schrieb Gedichte, er schrieb Noten und viele viele Briefe an meine Mutter. Wir hatten sehr oft Gäste zu Hause. Meine Mutter war sehr häuslich, konnte gut kochen und hat viel Handarbeit gemacht. Ich war als Kind immer sehr gut gekleidet. Doch es ging auch streng zu; ich hatte zu gehorchen. Meine Eltern stritten oft miteinander. Dass meine Mutter mich mal geknuddelt hat, daran kann ich mich nicht erinnern. Zur Volksschule bin ich von 1945 bis 1953 und zur Berufsfachschule von 1953 bis 1956 gegangen. Danach habe ich eine kaufmännische Lehre absolviert und mich anschließend in diversen Kursen, Seminaren und an der Sekretärinnenschule weitergebildet. An Stenografie- und Schreibmaschinen-Wettbewerben habe ich ebenfalls mit Erfolg teilgenommen. Rund 40 Jahre war ich in den unterschiedlichsten Bereichen der Metall- und Kunststoff- sowie der Chemieindustrie im Büro und im Vertrieb beschäftigt, wodurch ich jeweils an den internationalen Messen in Nürnberg, Köln, Düsseldorf und Hannover teilnehmen durfte.

Im Jahr 1960 bin ich mit meiner Freundin Ursula öfter tanzen gegangen. Wir haben dadurch jeweils beide einen Mann kennengelernt. Bei mir war das Dimitrios, der Grieche. Ich habe natürlich versucht, es geheim zu halten; schließlich war ich gerade erst 21 Jahre. Wir wohnten damals in einer Vierzimmerwohnung, einschließlich Mansardenzimmer. Und dahin hatte ich ihn immer abends heimlich mitgenommen. Aber als meine Eltern das mitbekamen, ließen sie den Ausländer von der Polizei aus dem Haus bringen, und ich ging natürlich mit. Er und ich sind daraufhin nach Düsseldorf gezogen und haben dort erst mal in einem Zelt am Rhein unter freiem Himmel gelebt. Wir haben uns dann beide Arbeit gesucht: ich im Büro und er als Hilfsarbeiter im gleichen Betrieb, obwohl er 13 Jahre älter war als ich und auch Abitur hatte.

Wir haben in Düsseldorf geheiratet, doch Dimitrios war mit seiner Situation in Deutschland so unzufrieden, dass wir kurz darauf zusammen nach Griechenland aufgebrochen sind – mit dem Auto und kaum Geld in der Tasche. Unser Hab und Gut hatten wir in ein Leihhaus gegeben, damit wir etwas mehr Geld zur Verfügung hatten. Irgendwann hatten mich meine Eltern mithilfe von Interpol in unserem Wohnsitz in Thessaloniki ausfindig gemacht. Sie wollten mich mit viel Bitten und Bangen zur Rückkehr bewegen – mit oder ohne Mann, hatten sie versichert. Ich war da natürlich im Zwiespalt. Denn meine kleine Schwester, sie ist 1955 geboren, war ja erst fünf. Außerdem hatte ich Heimweh und habe an meine Familie gedacht.

Wir kehrten also zurück nach Deutschland, um mit meinen Eltern in ihrem neu erbauten Haus (1960) in Lüdenscheid zu wohnen und zu leben. Aber das ging nicht lange gut. Meine Eltern duldeten das nur kurz, auch wegen der anderen Leute. Dass ihre Tochter aus geordneten Verhältnissen mit einem Griechen verheiratet ist, das akzeptierten sie nicht. Letzten Endes konnten der Grieche und ich wieder ausziehen. Wir fanden bei der Schwester meiner Oma vorübergehend Unterschlupf, bis wir ein möbliertes Zimmer gefunden hatten und auch eine Arbeit: ich im Büro und mein Mann erneut als Hilfsarbeiter im Betrieb. Die neue Arbeit gefiel meinem Mann wieder nicht. So stellte er mich vor die Wahl, mit ihm nach Griechenland zu gehen oder alleine in Lüdenscheid zurückzubleiben. Doch ich hatte meine Familie hier und war erst 21, somit entschied ich mich dagegen, ihm noch mal in seine Heimat zu folgen. Ich hatte ja auch eine gute Arbeit gefunden und konnte mir davon etwas leisten. Auf Anraten eines Rechtsanwaltes wurde die Scheidung eingereicht. Das hat insgesamt zwei Jahre gedauert, und für die Kosten habe ich ein Darlehen aufnehmen müssen. Meinen Mann betraf das nicht, denn nach griechischem Recht waren wir gar nicht offiziell verheiratet, weil es keine orthodoxe Trauung gegeben hatte.

1963 lernte ich dann aber bald meinen zweiten Ehemann kennen: Claus Lüsebrink. Im gleichen Jahr, nur drei Wochen nach unserem Kennenlernen, hat sich mein Vater im eigenen Haus an den Heizungsrohren erhängt. Drei Jahre, nachdem das Haus bezogen war. Schulden aus dem Hausbau waren es nicht. Die geringe Hypothek war fast bezahlt, ich kam für den Rest auf, weil ja außer mir niemand in der Familie Geld verdiente. Die Rente meiner Mutter war sehr gering und meine Schwester war noch ein Kind. Einen Monat nach seinem Selbstmord fiel dann auch meine Großmutter aus. Meine Schwester war erst acht und hat miterlebt, wie unsere Oma in einem Warenhaus plötzlich umfiel und ins Krankenhaus kam. Sie hatte einen Schlaganfall gehabt und ist kurz darauf gestorben. Für meine Schwester habe ich dann die Vormundschaft übernommen, denn meine Mutter hat das alles nicht verkraftet. Sie kam in eine Nervenheilanstalt in

Niedermarsberg. Sie wurde immer wieder eingewiesen, immer wieder entlassen und immer wieder eingewiesen … Bis zu ihrem Tode 2000 blieb sie psychisch krank.

Mein Sohn Dirk kam 1964 zur Welt. Da war ich 25 Jahre alt. Nach vier Jahren ließ ich mich von meinem Mann scheiden, weil der immer so seine Kapriolen machte. Nur selten konnte er seine Arbeit halten. Aber wir hatten uns im gleichen Jahr dann doch noch mal zusammengerauft und wollten eigentlich wieder heiraten. Aber im Oktober 1969, als der kleine Dirk vier Jahre alt war, folgte der nächste Schicksalsschlag: Ich bekam einen Telefonanruf aus Beckum, dass mein Ex-Mann auf der Autobahn tödlich verunglückt ist. Ich durfte ihn nicht ein letztes Mal sehen, weil sein Leichnam durch den Unfall so entstellt gewesen ist, dass ich das womöglich nicht überstanden hätte. Das hatte die Polizei am Telefon gesagt.

Drei Jahre später, etwa 1972, lernte ich wieder einen Mann kennen, mit dem ich, mit Unterbrechungen, fast 15 Jahre zusammen war – aber nicht verheiratet. Er wollte nach seiner gescheiterten Ehe nicht erneut heiraten. Aber ich schon, auch wegen meines Sohnes. Darum hatten wir uns zwischenzeitlich voneinander getrennt. 1980 traf ich meinen dritten Ehemann, einen Witwer. Doch die Ehe mit ihm hielt nur ein Jahr. Woraufhin ich wieder mit dem Partner zusammenkam, der nicht mehr heiraten wollte. Er ist 1987 wahrscheinlich an Magenkrebs gestorben. Als ich 42 Jahre alt war, bekam ich Brustkrebs. Die psychische Belastung durch die Versorgung meines Sohnes, meiner Schwester, meiner Mutter und des Eigenheims war zu groß geworden. Ich erlitt Zusammenbrüche und dergleichen. Doch ich musste arbeiten, weil ich ja die Einzige war, die Geld verdient hat. Das war nicht einfach durchzustehen. Damals war auch die Medizin noch nicht so weit. Diejenigen, die mit mir operiert worden sind, liegen zum Teil auf dem Friedhof. Da bin ich dankbar, dass ich noch lebe. Es gibt diese Momente, in denen ich mir manchmal selbst sage: ›Was bin ich froh, dass ich noch lebe!‹ Mit etwa 43 habe ich komplett die Branche gewechselt, nachdem ich zuvor zwölf Jahre in der gleichen Firma beschäftigt gewesen war. Ich wagte den Sprung in die chemische Industrie. Das war der beste Schritt, den ich im Berufsleben gemacht habe, auch wenn es sehr schwierig war, und ich mich wieder weiterbilden musste. Es war ja ein Unterschied zwischen den Branchen wie Tag und Nacht. Aber ich konnte mich in der neuen Firma behaupten und sogar einmal richtig auf den Tisch hauen. Um meinem Sohn das Studium in Berlin mitzufinanzieren, habe ich nachts gearbeitet, indem ich Kosmetik in Bars verkauft habe, und auch für Leute Examensarbeiten abgetippt habe. In Rente bin ich Ende 1998 gegangen.

Ein Jahr später habe ich den Mann kennengelernt, mit dem ich eine Beziehung hatte, die für meine Seele die beste war. Der gab mir das erste Mal das Gefühl, verstanden zu werden. Mit ihm war ich zwölf Jahre zusammen, wollte ihn aber nicht heiraten. Allein schon, weil die Leute gesagt hätten, dass ich das nur wegen des Geldes tue; er war Lungenfacharzt. Auch sein Sohn und seine Familie waren gegen mich und haben mich wie eine Erbschleicherin behandelt. Ich hatte immer nur Widersacher gehabt! Bei diesem Partner aber hatte ich das erste Mal den Eindruck, dass er mein Innenleben stabilisiert. Durch ihn konnte ich stärker an mich glauben. Bei uns ging es vor allem um den geistigen Austausch. Bei meinen vorhergehenden Partnern stand mehr das Körperliche im Vordergrund. Leider ist er 2010 verstorben. Seitdem lebe ich allein in Berlin.

ಶ ✑ ಶ

Nach unserem mehr als drei Stunden langen Gespräch resümiert Helga Lüsebrink: »Ich flüchtete stets in die Arme eines Mannes. Auch dass ich nach dem Tod meines ersten Mannes unbedingt wieder heiraten wollte … Für mich bedeutete das geordnete Verhältnisse, ebenso den Leuten gegenüber.« In jungen Jahren zu hören, dass sie sich nicht schämen solle, sie selbst zu sein, hätte ihr damals gut getan, das weiß die Rentnerin heute. Umsorgt und behütet wurde sie zwar im Elternhaus, erklärte Frau Lüsebrink, doch habe es ihr an Nähe gefehlt. »Ich wurde beispielsweise als Kind an ein Tischchen gesetzt und musste dort etwa vier Stunden still sitzen bleiben und mit Iris spielen.« Die Zuneigung, an der es ihr als Kind vielleicht mangelte, vermittle sie jedoch ganz bewusst ihrem Sohn und ihren beiden Enkeltöchtern. In Bezug auf ihr Selbstbewusstsein, sagt Frau Lüsebrink, dass sie in jungen Jahren mehr Unterstützung gebraucht hätte. Im Beruf habe sie sich recht gut behaupten können, weil ihre Chefs jeweils hinter ihr standen. Und außerdem habe sie in ihrem Leben so viel erlebt und vor allem auch gemeistert. Schließlich konnte sie ihrem Sohn als Alleinerziehende ein Studium ermöglichen und darüber hinaus stets für ihre Schwester und ihre Mutter da sein und beide zum Teil auch mitversorgen. »Doch, wenn mein Selbstwertgefühl Dämpfer bekommt, dann bin ich wieder zerbrochen!«

Aussprache

Wolfgang und Ursula Grabowski

*»Sprich die Dinge aus,
selbst wenn es wehtut und Mut kostet.«*

Meine Begegnung mit dem Ehepaar Grabowski wird mir eine der liebsten Erinnerungen an dieses Projekt sein. Lange habe ich eine innige Beziehung wie die meiner Großeltern unter alten Leuten als selbstverständlich angesehen. Tatsächlich macht es mich insgeheim immer noch etwas nervös, wenn ich Ehepartnern begegne, die seit Jahrzehnten zusammen sind, die ich aber nicht als Einheit wahrnehme. Darum haben mir Wolfgang und Ursula Grabowski unbewusst sofort ein familiäres Gefühl vermittelt. Davon abgesehen, dass beide zusammen im Rahmen seiner Diplomatenkarriere diverse Länder bereist haben und viele Interessen teilen, erwecken sie den Eindruck, einander zu ergänzen. Ihre Nähe ist spürbar. Das lag an den kleinen Momenten wie dem spontanen Wechsel ins Russische, wenn sie miteinander sprechen, oder dem gemeinsamen Gelächter bei der Aufnahme ihrer Fotos. Und das lag daran, dass sie mir in unserem Gespräch das Gefühl vermittelten, zwei Personen mit einer Stimme zu sein.

☙ ❦ ☙

»Geboren bin ich in Leipzig, ein bisschen außerhalb«, erzählt Ursula Grabowski. »Mein Vater wurde 1942 als vermisst gemeldet, er kam nicht aus dem Krieg zurück. Meine Mutter war Verkäuferin. Sie hat meine vier Jahre ältere Schwester und mich allein großgezogen. Wir sind während des Krieges in der Stadt geblieben. Ich kann mich noch gut an die Flugzeugverbände erinnern, die zum Bombardieren kamen. Zu der Zeit war ich etwa vier Jahre alt. Ich habe in der Ecke am Fenster gesessen, denn meine Mutter musste erst zur Schule und meine Schwester abholen, weil die keinen Schutzkeller hatten. Da habe ich das alles so richtig gesehen. Wo wir lebten, war eigentlich nichts, nur kleine Siedlungshäuser. Aber links und rechts von uns gab es Flak-Stellungen und so fielen doch einige Sprengbomben. Problematisch waren die vielen Brandbomben, weil viele Häuser mit Dachpappe gebaut waren. Lustig war das also nicht. Wir waren eine vaterlose Generation. In meiner Klasse gab es wenige, die noch einen Vater hatten. Eine hatte einen Vater, der Straßenbahnfahrer war. Das war für mich das Allerhöchste. Einen Vater haben und dann ist der auch noch Straßenbahnfahrer, wo das jetzt lauter kleine junge Frauchen machen.

Unsere Familie war auch nicht begütert. Nach dem Krieg kam ich in die Schule und zum Ende der Grundschule hin, hatte ich mitgeschnitten, dass ich doch ein bisschen etwas machen muss. Ich war somit relativ gut in der Schule.« »Ein Kumpel aus ihrer Klasse meinte damals: ›Die hat immer alles gewusst!‹«, wirft ihr Ehemann ein.

»Nach der 8. Klasse ging ich 1953 für drei Jahre auf die Oberschule«, fährt Ursula Grabowski fort. »Danach ging es zur Vorbereitung aufs Auslandsstudium auf die Arbeiter- und Bauernfakultät (ABF). Und dann bin ich 1957 nach Moskau gegangen. Da habe ich meinen Mann getroffen. Ich hatte dort gute Karten, denn nur wenige Frauen wurden zum Studieren ins Ausland geschickt. Mir blieb also eine große Auswahl. Eigentlich wollte ich erst Chemie studieren, doch dann bin ich in der Lebensmittelindustrie gelandet, indem ich Technologie für die Nahrungsmittelindustrie studiert habe.«

Wolfgang Grabowski ist in Berlin-Friedrichshain geboren. »1943 haben wir die Stadt verlassen. Den Anfang des Krieges habe ich noch hier erlebt, auch die Bombardierung. Jedoch habe ich die eher als … nun, nicht als Spaß empfunden, aber … Bevor die Bomben fielen, kamen die mit riesigen Geschwadern und setzten die sogenannten Christbäume ab – zur Beleuchtung für das Bombardement. Die konnten wir von unserem Haus aus dem 4. Stock sehr gut sehen. Die sahen wie Christbäumchen aus, bloß weiß. Ich hab auch das Aufsuchen der Schutzkeller als nicht so negativ empfunden. Erstens war immer viel Volk zusammen, das hat mich sehr interessiert. Und zweitens brauchte ich nicht schlafen. Drittens wurden dann immer Wanzen gejagt. Die sind durch die Angriffe vom Dachboden in die oberen Wohnungen gekrabbelt. Natürlich haben wir uns auch einen Kopf gemacht, als die Häuser da kaputtgingen. Weil meine Mutter je einen Onkel in Pirna und Löbau hatte, haben wir Berlin dann verlassen. Am 20. April 1945 mussten wir uns von Löbau aus auf die Flucht begeben. Wenn ich also ›Flucht aus dem Osten‹ höre, habe ich damit ein bisschen Probleme. Es war nicht so, dass alle nur vor den Russen wegliefen. Wir mussten, weil wir dort keinen festen Wohnsitz hatten, die Stadt verlassen und uns auf den Weg Richtung Tschechoslowakei machen. Die Wehrmacht hat sich auch dorthin begeben, nach Neugersdorf. Die fuhren links und wir mussten rechts laufen. Und das Bild hat sich mir bis heute tief verinnerlicht. Da flogen dann die sowjetischen Jagdbomber neben uns flach übers Feld und haben die Szene beobachtet. Die haben nicht geschossen, aber ich konnte die Piloten sehen. Mich hat damals gewundert, dass ein Flugzeug dermaßen langsam fliegen kann, ohne runterzufallen. In

Neugersdorf hat meine Mutter aber gesagt: ›Hier ist Schluss.‹ Wir waren immerhin 15 Kilometer gelaufen und hatten auch die Großmutter mit dabei. Der Bürgermeister hat dort die weiße Fahne rausgehängt und am 2. Mai habe ich dann die ersten in komischer Uniform gesehen. Hoch zu Ross kamen die in den Schulhof und riefen irgendwas. Und wir hatten eine Heidenangst, ist ja klar, aber bei Kindern legt sich das schließlich relativ schnell. Er hat immer gewinkt und wir sind neugierig hinterhergelaufen. Da hatte ein Unternehmer seine Textilfabrik in Brand gesteckt und der Soldat wollte, dass wir das mitnehmen, was noch nicht brannte. Auf diese Weise habe ich für mehrere Jahre Seppelhosen erbeutet. Danach ging es erst zurück nach Löbau und später wieder nach Berlin. Mutter wusste ja nicht, was mit Vater ist und ob es unsere Wohnung noch gibt. Außerdem wollte die Großmutter nach Hause. In der Schule habe ich mich dann, wie Uschi, auch angestrengt. Ich habe gelernt. Ich fand es lästig, nacharbeiten zu müssen, darum habe ich aufgepasst. Mein Abitur habe ich an der ABF in Halle gemacht. Auch ich bin dann nach Moskau gegangen, ans Institut für Internationale Beziehungen.«

»Was ich unterschätzt habe: Da fährst du durch die ganze Welt. Dorthin, dahin und bist nicht mehr zu Hause«, so Ursula Grabowski. »Das ist die negative Seite«, sagt ihr Ehemann schmunzelnd. »Kennengelernt haben Wolfgang und ich uns im Studenten-Ensemble. Er hat gesungen und ich habe Volkstanz gemacht«, erinnert sich Frau Grabowski. »Am 10. Jahrestag der DDR habe ich mich dann getraut, sie anzusprechen. Im Haus der Freundschaft in Moskau. Und das wäre fast schiefgegangen, denn ich wusste nicht, ob ich mein Referat rechtzeitig fertig kriege. Deshalb konnte ich an diesem Auftritt nicht teilnehmen. So habe ich meinen Kumpel in der Tanzgruppe gebeten, Uschi einzuladen. Ich hab's aber dann doch geschafft. Und sie hat in ihrer charmanten Art gesagt, dass ich das auch hätte alleine erledigen können«, führt Herr Grabowski. »Und ein halbes Jahr später haben wir geheiratet«, fügt seine Frau hinzu. »Nein, ein Jahr später«, widerspricht er. »Ja. 1960 haben wir geheiratet. Das ging schnell. Möglichkeiten, das lange hinauszuzögern, gab es überhaupt nicht. Er hatte mich ein einziges Mal im Unterrock gesehen, da habe ich ein Kind gekriegt.

Nach seinem sechsmonatigen Praktikum in Kairo und dem anschließenden Einsatz im Leipziger Eisen- und Stahlwerk, wo er die Arbeiterklasse kennenlernen wollte, musste mein Mann in Moskau in der DDR-Botschaft arbeiten. Da hatte ich die Faxen dicke. Du kannst nicht als Ingenieur kommen und dann erst in zwei Jahren anfangen zu arbeiten. Aber was soll's, wir hatten ja da schon das kleine Mädel. Und dann kam noch ein Junge und dann noch ein Mädel. Also der zweite war geplant«, erzählt Frau Grabowski. »Unser erstes Kind wurde am 11. April 1961 geboren und am 12. April flog Gagarin in dem Kosmos«, lerne ich von ihrem Mann. »Da war er die ganze Woche besoffen. Nach dem dritten Kind, das 1966 zur Welt kam, sind wir nach Berlin zurückgekehrt. Sein Einsatz in Moskau war zu Ende und wir wollten auch nach Hause. Dann trat ich meine Stelle im Backwarenkombinat an. Wir waren elf Jahre hier, konnten unsere Kinder großziehen und zur Kita und zur Schule schicken. Andere Diplomaten mussten ja viel umher ziehen und konnten mitunter ihre Kinder nicht mitnehmen. Danach sind wir 1977 wieder nach Moskau gegangen. Und dort ist auch unser Enkel zur Welt gekommen. 1984 ging es zurück nach Berlin und ich hatte gehofft, dass wir hier bleiben können.

Aber das Außenministerium hatte diese Vorstellung nicht und er wurde als Botschafter für Syrien vorgesehen, obwohl er kein Arabisch spricht. Dort waren wir also von 1986 bis 1988«, fährt Ursula Grabowski fort.

»Hat Riesenspaß gemacht!«, so ihr Mann.

»Dir ja, mir nicht so. Mir hat das ja keiner an der Wiege gesungen, die Frau vom Ollen zu sein. Ich musste den Leuten immer erst beweisen, dass ich auch ein Mensch bin«, hält sie dagegen.

»Im Osten haben wir das immer kritisiert, dass Frauen nicht rechtzeitig Sprachunterricht bekommen haben und sich nach Arbeit umsehen konnten. Das war ein Privileg, so haben die westlichen Diplomaten das immer gesehen, dass die Frauen der DDR-Botschaften und auch von der Handelsvertretung in der Regel Arbeit hatten. Wenn auch nicht immer entsprechend ihrer Qualifikation …«

»… aber du hast nicht daheim gesessen«, so Frau Grabowksi.

»Und Uschi hat auch einen Vertrag bekommen. Sie war in einer besseren Lage als viele andere. Sie konnte ja Russisch, und Englisch einigermaßen«, erklärt ihr Gatte.

»Und dann hat er ein Fernschreiben gekriegt, mit dem es hieß, er müsse jetzt nach Indien. Da hat er sich dreimal geschüttelt und dann gedacht: Na so schlecht ist Indien nun auch wieder nicht«, erinnert sich die Rentnerin.

»Ich habe mich mit einem Kollegen in Syrien beraten, der sagte: ›Du kannst auch protestieren, aber dann wirst du als Botschafter nach Libyen geschickt.‹ Bei der Rückkehr aus Indien sind wir in ein anderes Land heimgekommen. In der DDR hatten patriotische Fahnen rumgehangen, das fand ich manchmal sehr unangenehm. Aber jetzt war überall Reklame. Positiv war aber zum Beispiel, dass wir dann Leute aus München kennengelernt haben. Im Rahmen des letzten Konvents der Anti-Raketen- und nuklearen Bewegung war ich mit nach Moskau gefahren. Und im Zugabteil hat man Zeit gehabt, sich zu unterhalten, und mit den Münchnern, die ich da getroffen habe, sind wir bis heute befreundet. Das war uns wichtig. Wir mussten ja die BRD auch kennenlernen«, so Herr Grabowski.

»Ich war im Außenhandel und mir wurde 1991 gekündigt«, fährt seine Frau fort. »Dann hatte ich Glück, dass zwei DDR-Wissenschaftler eine Firma gegründet und jemanden für die Finanzen suchten. Erst wollte ich nicht, aber ich hatte ja nichts anderes. Und 1999 bin ich in Rente gegangen.«

Wolfgang Grabowski erzählt von der Zeit als Ex-Diplomat unmittelbar nach der Wende: »Im Außenministerium hatte es eine Weiterbildungsmaßnahme mit 700 Leuten gegeben, von denen schließlich eine einzige Person Anstellung gefunden hat. Wir hätten eigentlich richtig Krawall machen müssen. Bloß, die Gruppe der Diplomaten ist ja keine riesige. Da hätten viele, auch aus der DDR, gesagt: ›Na, die waren privilegiert, die konnten schließlich ins Ausland reisen.‹ Das hätte nicht viel politische Wirkung erzeugt. Ich hatte hier und da noch versucht, Fuß zu fassen, und habe mich bei der PDS engagiert.« Wolfgang Grabowski wollte die Politik also so schnell nicht hinter sich lassen – und Russland auch nicht. »Wir waren 2003 bis 2004 noch mal zwei Jahre in Moskau, mit der Rosa-Luxemburg-Stiftung, die dort ein Büro einrichten wollte. Die Stiftung wollte zwar noch zwei Jahre dranhängen, aber unsere Kinder wollten, dass wir wiederkommen«, erzählt seine Frau.

Wolfgang Grabowksi sagt, im Leben würde er vieles ähnlich tun. »Doch hätte ich mich noch stärker gegen Dinge stark machen sollen, die hier in der DDR schiefgelaufen sind. Ich kann mich gut an Familientreffen erinnern, es waren ja alle in der SED, da ging es nur um diese Fragen. Du solltest immer selbst nachdenken und dich bemühen, die Dinge selbst einzuschätzen. Sprich die Dinge aus, selbst wenn es wehtut und Mut kostet. Wir haben immer gedacht, das alles wird sich schon fügen; die Jüngeren werden das schon richten.«

»Aber die sind nicht mehr drangekommen«, wirft Ursula Grabowski ein.

»Und dann ist alles den Bach runtergegangen. Unterschätze nicht, was Persönlichkeiten bewegen können«, fährt Herr Gra-

bowski fort. »Wäre Gorbi nicht Gorbi gewesen, sondern Putin, wäre alles anders gekommen. Wir haben vieles nicht erkannt. Du musst bereit sein, in dein eigenes Verständnis und Wirken eine gewisse Struktur zu bringen. Ich bin immer wieder erstaunt, dass auch linke Politiker, sich so wenig bemühen, anderes Denken, andere Meinungen, anderes Wissen einzuordnen – was uns ja auch immer vorgeworfen wurde, diese Engstirnigkeit. Wenn jemand nicht meinen Hintergrund und meine Erfahrungen kennt, dann kennt der doch andere Sachen.«

»Es ist uns jetzt wichtig, die Freundschaften mit all den Menschen zu pflegen, die wir durch Arbeit und bei anderen Anlässen kennengelernt haben«, sagt Ursula Grabowski und rät: »Arbeite und sei ein anständiger Mensch!« Sie hätte immer das Gefühl gehabt, sie haben an etwas Gutem mitgearbeitet. Ihre Sorgen galten nicht dem Besitz, sondern dem Können. »Sei gut, sei gerecht, sei offen. Wobei … So gut war ich nicht. Er war gut!«

Durchsetzungsfähigkeit

Sonja Cantow

*»Steh zu deiner Meinung, aber versuch nicht,
mit dem Kopf durch die Wand zu rennen.«*

Mit Sonja Cantow habe ich im Rahmen meiner Interviews eine weitere Frau getroffen, die zu DDR-Zeiten in Botschaften verkehrt ist und durch ihre Arbeit viel von der Welt sehen konnte. Allerdings war sie die Delegierte und ihr Mann der Begleiter. Wie der Großteil meiner anderen Interviewpartnerinnen lebt auch die 87-Jährige allein. Ihren beruflichen Erfolg sieht man ihr heute noch an: Der entschlossene, selbstbewusste Sitz, die offene Art und auch die perfekt manikürten Fingernägel deuten auf eine Frau hin, die sich über ihre Präsenz und Wirkung im Klaren ist. Dass sie sich sehr für das Schaffen von Bundeskanzlerin Merkel interessiert, obwohl sie ihre politische Linie nicht teilt, überrascht wenig. Schließlich ist auch sie eine Frau, die sich durch eine von Männern dominierte Arbeitswelt navigieren muss – eine Herausforderung, die Sonja Cantow in ihrem Leben offenbar sehr beeindruckend gemeistert hat.

❧ ❧ ❧

Geboren bin ich am 1. November 1930 in Erfurt. Dort habe ich auch meine Kindheit und meine Schulzeit verbracht. Die Stadt war wenig vom Krieg berührt worden, schließlich wurde erst ab '44 bombardiert. Wir konnten somit zur Schule gehen. Wenn es Fliegeralarm gab, haben wir Kinder uns gefreut, weil ja dann der Unterricht ausfiel. Dass man später alles nachholen musste, vergaßen wir in dem Moment. Ich war das jüngste von vier Kindern, die anderen waren Jungs. Die wurden auch noch zum sogenannten Volkssturm eingezogen. Nach der 8. Klasse habe ich mit 14 Jahren die Schule verlassen, weil wir uns eine weiterführende Schule damals nicht leisten konnten. Dann musste ich, wie das damals üblich war, noch das sogenannte Pflichtjahr absolvieren. Das war in der Nazizeit so. Man hat zum Beispiel in einem kinderreichen Haushalt oder bei irgendwelchen Nazibonzen arbeiten müssen. Meine Mutter hat mich jedoch im Krankenhaus angemeldet, wo ich geputzt habe. Das habe ich aber nur zwei Monate gemacht, weil dann bereits die Amerikaner kamen. Ich wollte eigentlich sofort aufhören, aber meine Mutter drängte mich zum Bleiben, weil schließlich in Krankenhäusern immer Personal gebraucht wird. Im Jahr darauf habe ich dann eine kaufmännische Lehre im Thüringer Volksverlag gemacht und diese als Buchhalterin abgeschlossen. Später hatte ich das Glück, dass ich für das Abitur an der Arbeiter- und Bauernfakultät (ABF) vorgeschlagen wurde. Dadurch bin ich nach Berlin gekommen.

Im August 1945 kam mein Vater wieder nach Hause. Der war bei der kommunistischen Zeitschrift »Das Rote Echo« gewesen und war am 8. Februar 1933 verhaftet worden. Bis 1936 wusste meine Mutter, dass er im Gefängnis saß, aber danach hatten wir keine Ahnung, wo er verblieben war. Er war zu der Zeit im KZ gewesen. Seine Rückkehr fiel uns allen nicht leicht, weil wir so an die Autorität meiner Mutter und meiner Großmutter gewöhnt waren. Mutters Brüder waren Soldaten, ihr Schwager war Soldat … Die Frauen waren immer auf sich gestellt und wir Kinder waren immer auf die Mütter und Großmütter angewiesen. Auch meine Cousinen wurden alle von der Großmutter umsorgt. Die Bindung zur Mutter und zur Oma war darum immer bedeutend enger gewesen als die zum Vater. Zu ihnen konnte man mit allem kommen. Und dann erscheint plötzlich ein Mann, der zwar der Vater ist, aber die Kinder nicht hat aufwachsen gesehen. Ich war 14, meine Brüder waren 16 und 17 – da ließen wir uns von ihm doch nichts mehr sagen. Auf die Mutter und die Oma haben wir aber immer gehört. Das war also ein bisschen schwierig, bis wir uns alle miteinander arrangiert haben. Und dann lief es. Für mich war es ein bisschen leichter, weil ich nach Berlin gegangen bin. Meine Brüder sind alle in Erfurt geblieben. Ich war die Einzige, die von dieser Thüringer Verwandtschaft nach Berlin zog. Die anderen sind alle dort geblieben. Als ich damals 1947 zur ABF ging, hat sich mein Vater abends mit mir hingesetzt und gesagt: »Pass mal auf, mein Mädchen. Du verlässt jetzt das Haus und ganz egal, was passiert, auch wenn du großen Mist baust, oder ein Kind bekommst – denke daran, dass hier dein Zuhause ist. Hier steht immer die Tür für dich offen!« Das habe ich meinem Vater nie vergessen. Das habe ich ihm hoch angerechnet. Das war sein Charakter. Zum Beispiel hatte er Bekannte, mit denen er im KZ gewesen war, die sich ein paar Jahre nach ihrer Rückkehr von ihren Frauen haben scheiden lassen. So etwas hat mein Vater nie verstanden. Er war der Auffassung, dass die Frauen jahrelang allein die Kinder großgezogen haben – und jetzt, wo es diesen Männern besser geht, weil sie als Angehörige der Vereinigung der Verfolgten des Naziregimes etwas mehr Geld bekamen, lassen sie die Frauen sitzen. Da war er sehr dagegen. Mein Vater hat immer darauf bestanden, unser Selbstwertgefühl zu stärken. Er meinte stets: »Jeder kann Fehler machen, doch man muss dazu stehen und dann versuchen, es besser zu machen!« Man muss daraus lernen; kein Mensch ist fehlerfrei. Das war immer sein Motto.

Dass ich als Mädchen in die Hauptstadt gezogen bin, um dort meinen Bildungsweg weitergehen zu können, war schon etwas Besonderes. Diese Möglichkeit hätte ich in der Bundesrepublik nicht gehabt, das muss man auch anerkennen. Viele wollen das nicht wahrhaben, aber es ist nun mal so. Dort war ich das erste Mal weit weg von meiner Familie. Ich habe jedoch im Studentenheim gelebt, also war ich nicht allein. Alle vier Wochen bin ich mit einem Koffer voll dreckiger Wäsche nach Erfurt gefahren und mit einem Koffer sauberer Wäsche zurückgekehrt. Das habe ich lange so gemacht. Mir ist damals auch gar nicht der Gedanke gekommen, Wäsche zu waschen. Ich habe mich allerdings im Studentenwohnheim nicht besonders wohlgefühlt und mir schnell etwas zur Untermiete gesucht. Und nach dem Studium zog ich in eine Einzimmerwohnung mit Außentoilette. Ich war also auch gerne mal allein, obwohl ich ein kontaktfreudiger Typ bin.

Nach dem Abitur habe ich Ökonomie an der Humboldt Universität studiert und mich anschließend beim Außenhandel beworben, wo ich auch gleich angenommen wurde. Und dann habe ich dort ab Oktober 1956 die Karriereleiter erklommen, wodurch ich später zum Außenhandelsministerium gehörte und dem Botschafter unterstellt war. Ich hatte einen Chef, der den Außenhandel in der DDR mit aufgebaut hatte und der meinte, wer zu Hause mit den Geschäftspartnern verhandelt, der kann auch ins Ausland. So kam es zu meinem ersten Einsatz, der in Jugoslawien stattfand.

Ich war einige Zeit später die erste Frau, die als Delegierte nach Ägypten geschickt wurde. Alle anderen Frauen waren die Mitreisenden, die meine männlichen Kollegen begleiteten. Und unter denen waren auch welche mit einem Studium. Ich habe mich mal mit einem von meinen Kunden unterhalten und mit ihm über das Thema gesprochen. Ich wollte wissen, warum sie mit mir so gut zurechtkommen. Da sagte er: »Wissen Sie, Sie sind für uns in erster Linie ein Geschäftspartner und nicht eine Frau.« Das ist heute in Ägypten nicht mehr möglich. Außerdem habe ich in Syrien, der Türkei und in Indien gearbeitet und war dann ab 1978 in Südamerika unterwegs.

Die Geschichte, wie ich meinen Mann kennengelernt habe, ist sehr ulkig. Eine Bekannte unterhielt damals ein Schreibwarengeschäft, in dem ich mir schon zur Studienzeit meine Hefte besorgt hatte. Sie hatte Ende Oktober Geburtstag und darum haben wir oft gemeinsam gefeiert. Wir saßen dann nach Feierabend in der kleinen Wohnung, die zu ihrem Geschäft gehörte, und tranken Wodka mit Orangensaft beziehungsweise Bier. Und bei einer dieser Geburtstagsfeiern tauchte ein Bekannter von ihr auf. Der hatte eigentlich ins Kino gehen wollen, doch der Film hat bereits begonnen, weshalb er auf die Abendvorstellung wartete. Da dachte er sich, er könne ja die Zeit bei meiner Freundin Katja überbrücken. Und er erkundigte sich: »Was feiert ihr denn?« Sie entgegnete, dass wir beide auf unseren Geburtstag anstoßen. Darauf sagte er: »So? Na da könnt ihr doch meinen mitfeiern!« Er hatte nämlich genau an dem Tag auch Geburtstag. Am 6. November. So haben wir uns kennengelernt. Und 1968 geheiratet. Mein Mann war unter Rommel als Fallschirmjäger in Nordafrika gewesen und hatte ebenfalls einige Zeit in Ägypten verbracht. Nach seiner Rückkehr aus der Kriegsgefangenschaft wurde er Sportlehrer und Trainer für Leichtathletik. Er und ich hatten eine recht moderne Ehe. Für mich zum Beispiel war es eine logische Folge meiner Erziehung und meiner Prägung, dass ich Parteimitglied wurde. Mein Mann wiederum nicht. Der war nur in der Gewerkschaft. Da gab's aber keine Probleme. Ich habe immer gesagt, dass er ein besserer Genosse ist als manche unserer Genossen. Der einzige mitreisende Ehemann zu sein, war für ihn ein bisschen schwer. Da ereigneten sich so kleine Momente, die in Botschaften eben vorkommen. Aber er hat sich damit abgefunden. Es gab da zum Beispiel diesen Kraftfahrer des Botschafters, der aus Deutschland kam. Der war von Haus aus Bäcker. Irgendwann kam es zum Streit zwischen ihm und meinem Mann und er hat dann etwas gesagt wie: »Was willst du eigentlich? Du bist doch nur mitreisender Ehemann!« Da habe ich meinen Mann das erste Mal wirklich wütend gesehen. Er entgegnete: »Aber im Gegensatz zu dir Arschloch, habe ich zwei Hochschulabschlüsse!«

Er hat mich immer sehr unterstützt. Gemeinsame Kinder hatten wir zwar keine, aber er hat eine Tochter aus erster Ehe. Und für ihre Kinder und Enkel bin ich die Omi. Mein Urenkel wird im November 18 und hat mich jetzt im Mai schon eingeladen. Ich dürfe das bloß nicht vergessen. Da habe ich ihm geschrieben: »Mein lieber Junge! Ich habe 21 Stunden im Kreißsaal gesessen und auf dich gewartet. Und da soll ich deinen 18. Geburtstag vergessen?«

Die Arbeit hat mir sehr viel Spaß gemacht. Ich war im Anlagenexport tätig, da ging es um den Handel mit kompletten Industrieanlagen. So waren wir immer eine Gruppe, zu der auch Ingenieure und Juristen gehörten. Das war sehr interessant, weil wir immer im Kollektiv gearbeitet haben und uns aufeinander verlassen konnten – wir waren ja fast immer das gleiche Team. Solche Verhandlungen gehen über Monate. Weil wir darum recht lange da waren, hatten wir natürlich auch freie Wochenenden und so konnte ich viel von Land und Leuten sehen. Später, als Botschaftsmitarbeiter, hatten wir die Möglichkeit ein längeres Wochenende irgendwo hinzufahren. Wir Frauen haben dann unseren Haushaltstag genommen und die Männer hatten Bereitschaftsdienst, wofür sie im Anschluss mit Freizeit entlohnt wurden. Und das haben wir genutzt, um Reisen zu machen. Zum Taj Mahal zum Beispiel oder nach Machu Picchu oder auf die Galapagosinseln. Dafür haben wir aber auch viel gespart. Andere haben in das neueste Radio oder Ähnliches investiert, aber fremde Orte und die Altertümer zu betrachten, war uns mehr wert. Denn wir sind ja nicht davon ausgegangen, dass die DDR irgendwann mal vorbei ist. Und als ihre Bürger hätten wir privat nie die Möglichkeit gehabt, an diese Orte zu fahren. Außerdem könnte man sich selbst heute solche Reisen kaum leisten. 1990 hatte ich das Glück, pensioniert zu werden, darum ist es mir nicht so ergangen wie vielen meiner Kollegen, die auf einmal ohne Job dastanden.

Als wir dann zu Hause waren, ist mein Mann schwer an einer Lungenentzündung erkrankt und litt anschließend an einem Emphysem. Wir hatten uns eigentlich vorgenommen, an den Baikalsee zu reisen. Außerdem wollte er mir Tunesien und Libyen zeigen. Das alles hat nicht mehr geklappt. Er ist 1992 verstorben. Seitdem lebe ich alleine. Ich bin noch auf das Drängen der Tochter nach Tunesien gereist. Sie meinte: »Papa wollte, dass du dir das ansiehst! Flieg hin!« Damals komme ich dort also um 9 Uhr an, bin um 10 Uhr im Hotel und um 11 Uhr liege ich mit einem gebrochenen Arm im Krankenhaus. Die Treppe war frisch gewischt gewesen und ich bin ausgerutscht.

Weil ich schon immer Mitglied der Volkssolidarität war, denn meine Eltern sind gleich 1945 beigetreten, habe ich ab 1993 nach und nach mehr Aufgaben übernommen. Erst fiel die Kassiererin aus, die ich ersetzte, dann übernahm ich den Posten des stellvertretenden Vorsitzes. Mittlerweile bin ich bei uns hier im Gebiet die ehrenamtliche Vorsitzende der Volkssolidarität. Ich bin da so reingerutscht wie in meinen Beruf auch. Somit habe ich immer noch zu tun. Mein Enkel sagt auch immer: »Ja ja, Omi, ich weiß. Rentner haben nie Zeit!«

Durch meinen Weggang nach Berlin bin ich früh selbstständig und selbstbewusst geworden. Wäre ich in Erfurt geblieben, wäre ich wahrscheinlich Zeit meines Lebens Buchhalterin geblieben. Manchmal bin ich auch ein bisschen arrogant gewesen. Aber nur, wenn mir jemand zu dumm kam. Den Ehrgeiz habe ich wohl von meinem Vater. Das ging schon in der Schule los, als ich die Schularbeiten meiner Brüder übernommen habe, obwohl die älter waren als ich. Und so habe ich mich in der Schule immer ein bisschen gelangweilt. Einmal ist meine Mutter in die Schule gerufen worden, wo man sie fragte, warum die Hausarbeiten der Jungs immer so tadellos sind, aber ihre Leistungen im Unterricht so schwach. Jedoch haben meine Brüder und ich ihr jahrelang nicht die Wahrheit darüber verraten. Dass ich mich so um meine älteren Brüder gekümmert habe, liegt womöglich auch am Einfluss meiner Mutter und meiner Großmutter. Obwohl ich mich auch immer durchsetzen musste – selbst später im Beruf. Darum ist mein Ratschlag: Lass dich nicht verbiegen. Sicherlich musst du dich in mancher Hinsicht anpassen, aber du darfst dich nicht anderen zuliebe ändern. Steh zu deiner Meinung, aber versuch nicht mit dem Kopf durch die Wand zu rennen.

Sonja Cantow ist stolz darauf, dass sie als Frau so erfolgreich in ihrem Beruf war. Darum interessiere sie sich auch heute noch sehr dafür, was Frauen in dieser Welt bewegen können. »Ich finde es wirklich schlimm, dass viele die Frauen wieder an den Herd zurückschicken wollen und bedaure, dass keine richtige Frauenpolitik mehr gemacht wird.« *Man müsse das Selbstvertrauen der Frauen stärken; das sei heute wichtiger denn je.* »Dabei muss ich daran denken, wie sie meinen Mann immer geärgert haben. Der hat die Wohnung sauber gemacht, die Gardinen gewaschen, die Fenster geputzt – nur um die Küche hat er einen großen Bogen gemacht. Der hätte auch Wasser anbrennen lassen. Da haben sie immer zu ihm gesagt: ›Ed, du verdirbst die Sitten hier!‹«, *erinnert sich Sonja Cantow.* »Einmal, als wir frisch verheiratet waren, hängte mein Mann unten die Wäsche auf, darunter Büstenhalter, Schlüpfer und so weiter. Darüber haben sich zwei alte Damen im Haus sehr aufgeregt und gefragt, warum er da die Wäsche aufhängt. Mein Mann hat sich daraufhin umgedreht und entgegnet: ›Sagen Sie mal, haben Sie schon meine Frau angemeckert, wenn sie meine Wäsche aufhängt?‹«

Geduld

Hannelore Gerosch

»Nutze die Zeit!«

Hannelore Gerosch ist eine Frau, die angekommen zu sein scheint. In ihrer großen Zweizimmerwohnung hat sie sich ein Reich geschaffen, das ein buntes Sammelsurium diverser Mitbringsel und Artefakte aus dem Ausland ist. Hinzu kommt der Ausblick auf den Fernsehturm, der direkt auf der anderen Straßenseite steht. Auch Frau Gerosch musste im Leben viele Hürden meistern. Offen spricht sie mit mir über ihre schwierige Kindheit und über den Tod ihrer ältesten Tochter. Während unseres Gesprächs wird klar, wie sehr sie mit sich selbst und ihren Umständen hadern musste, um spät zu ihrer persönlichen Erfüllung zu finden.

ହ ଏ ହ

Ich hatte ein sehr bewegtes Leben. Geboren bin ich in Koblenz, also oberhalb vom deutschen Eck. Durch die zweite Heirat meiner Mutter kam ich in die Pfalz und bin zwischen Saarbrücken und Kaiserslautern aufgewachsen. Das war sehr, sehr schön – viel Wald. Dort habe ich auch das Kriegsende erlebt und meine Schulzeit verbracht. Danach kam ich ins Pädagogium nach Speyer. Das war eine Ehre, da wurden nur die Besten genommen, nachdem sie eine anstrengende Prüfung durchlaufen hatten. Irgendwann hatte ich genug von dieser Klosterschule, wo die Nonnen sehr streng waren. Es war grauenhaft. Das war wie eine Art Gefängnisleben dort. Nach zwei Jahren habe ich genug gehabt und die Schule abgebrochen. Danach bin ich in mein Elternhaus zurückgekehrt. Dass ich Speyer verlassen habe, konnten mir meine Eltern nicht verzeihen. Ich habe im Anschluss alles Mögliche gemacht. Zu Hause sitzen gab es nicht, man musste arbeiten. Ich wollte aber eigentlich nur schreiben. Das war mein Plan. Doch ich musste arbeiten. Ich war zunächst zwei Jahre lang bei einem Hals-Nasen-Ohren-Arzt angestellt. Dann wurde das 1000-Betten-Hospital in Landstuhl gebaut. Das ist das größte amerikanische Lazarett in Europa. Dort war ich als Sekretärin und Übersetzerin fürs Englische bei der Bauleitung tätig. In der Zeit wollte ich doch langsam von zu Hause weg. Meine Eltern waren streng, so streng, wie man sich das heute gar nicht mehr vorstellen kann. Auf mir wurde immer rumgehackt. Man hat mich wie ein dummes Kind behandelt. Ich war kein Wunschkind und das habe ich immer zu spüren bekommen. Mein Vater war Beamter und ich bin gerne mit meinen Freunden ausgegangen und kam spät heim. Da hieß es immer: »Nimm auf den Vater Rücksicht!«

Ich war mittlerweile 21 und hatte einen Freund in München, der Polizeiführer war. Er hatte mir damals ein Zimmer in der Stadt besorgt und mir beim Umzug geholfen. Mein Elternhaus hatte ich schließlich aufs Geratewohl verlassen. Ich habe in der zoologischen Staatssammlung für den Leiter gearbeitet. Und irgendwann haben mein Freund und ich uns verlobt. Er war Offizier und 15 Jahre älter als ich, die erste Frau hatte er im Krieg auf der Flucht verloren. Er war erfahrener und selbstbewusst – und vor allem mir gegenüber sehr tolerant. Ich war durchaus kapriziös und hatte so einige verrückte Ideen … Das hätte ein junger Mann nicht mitgemacht. Er hat eigentlich nie geschimpft. Ich war auch verliebt, aber vor allem war ich dankbar, dass er mich so toleriert hat wie ich bin. Mit ihm konnte ich so sein, wie ich wollte. Das war das erste Mal für mich und somit etwas Besonderes. Trotz der Probleme mit meinem Vater habe ich ganz bewusst einen Beamten geheiratet. Ich wollte einen Halt haben. Zwar war ich als junges Ding nach dieser schrecklichen Internatszeit ein wenig ausgeflippt und habe mich beinahe als Existenzialistin gefühlt. Doch das war nur eine Phase, denn im tiefsten Inneren war ich Beamtentochter. Für ein ganzes Leben wollte ich dann doch vor allem Sicherheit. Man darf nicht vergessen: Ich bin im Krieg aufgewachsen. Man kann gar nicht beschreiben, wie sorgenvoll das war. Ich habe gehungert, gefroren und ich wusste nicht, was wird. Da habe ich mich als junger Mensch eben nach einer gewissen Geborgenheit gesehnt.

Ich hätte nie Kinder in die Welt setzen können, ohne zu wissen, dass alles seine Ordnung hat. Das war eine Verpflichtung. So wie Leute das heute machen, also Eltern werden, ohne sich groß zu sorgen – das hätte ich nicht gekonnt. Die Entscheidung, meinen Mann zu heiraten, habe ich auch nie bereut, die Ehe war gut. Nach der Heirat wurde mein Mann nach Nürnberg versetzt, wo wir unsere erste Wohnung hatten. Da kam auch das erste Kind. Wir haben ungefähr zwei Jahre dort verbracht, bevor wir wegen einer weiteren Versetzung nach Würzburg gezogen sind. Und diese Stadt, das ist ein Kapitel für sich.

Es war schön dort, aber die Gesellschaftskreise waren doch sehr spießig. Gerade im Umfeld der Polizeiführer gab es feste Regeln und Sitten. An die habe ich mich zwar gehalten, aber trotzdem immer ein bisschen gearbeitet, auch als drei Jahre nach dem ersten Kind meine zweite Tochter zur Welt kam. Ich habe kleine Artikel geschrieben oder war nebenbei als Mannequin tätig. Das war sehr schön, weil ich mir deshalb immer schicke Sachen kaufen konnte. Ansonsten verlief das Leben ziemlich gleichmäßig. Ich hab meine Ehe genossen, auch wenn sie später schwierig wurde. Wir sind beide gern ausgegangen und hatten eigentlich immer eine schöne Zeit. Die Kinder waren froh und lustig, haben gemalt und getöpfert und immer ihren Willen bekommen. Ich habe ihnen vieles durchgehen lassen. Sie hatten wirklich viele Freiheiten.

Dann wurden die Kinder groß und die Älteste fing mit 16 Jahren an auszuflippen. Die ist den 68ern, die ich heute noch hasse, in die Hände geraten. Diese Leute waren sehr hinterhältig. Die gingen an die Schulen, haben dort die Schüler abgefangen und dann zum Shoppen eingeladen. Meine Tochter hat damals ein bisschen das Trinken angefangen und wurde rebellisch, aggressiv sogar. Das war alles sehr kompliziert und eine schwierige Zeit für uns. Wir waren durch unsere Tochter lächerlich gemacht in diesen gehobenen Kreisen, zu denen wir aufgrund der Stellung meines Mannes gehört hatten. Und da galt so etwas als unmöglich. Wir mussten damit leben, dass uns zwar keiner etwas ins Gesicht gesagt hat, aber bissige Bemerkungen fielen wie: »Das liegt eben am Elternhaus.« Ich glaube, mein Mann hat mehr gelitten als ich, weil er mehr Umgang mit seinen Kollegen hatte. Mein Freundeskreis war durchmischter. Meine zweite Tochter hat ihrer Schwester alles nachgemacht, als sie älter wurde – nur haben wir dann nicht mehr so gekämpft. Wir waren müde und haben begriffen, dass sowieso nichts mehr zu machen ist, und sie hatte, obwohl sie sanftmütig war, einen eisernen Willen.

Meine ältere Tochter war mit 18 Jahren mithilfe meiner Mutter ausgezogen, die das alles finanziert hat. Warum, habe ich bis heute nicht begriffen. Ich bekam von ihr eigentlich dauernd Ohrfeigen. Der Enkelin hat sie das alles möglich gemacht – also eine totale Diskrepanz! Sie hat immer zu meiner Tochter gehalten und sie mit Geld unterstützt, während ich für meinen Umzug nach München keinen Pfennig bekommen hatte. Und durch meine Mutter hat meine Tochter nicht mehr bei uns gewohnt, obwohl wir das vielleicht noch hingekriegt hätten. Sie hat in München Theaterwissenschaft studiert, zwischendrin ein Kind bekommen und wurde dann Schauspielerin. Gespielt hat sie in München, Regensburg und Bamberg. Der Kontakt hat sich irgendwann wieder gebessert. Man muss sich ja einigen. Damals war sie sehr aufsässig gewesen, aber später wurde sie ganz nett und liebenswürdig. Aber sie hat auch immer gemacht, was sie wollte. Sie hat gutes Geld verdient, ist aber auch ein bisschen verlottert. Nach ein paar Jahren hat sie noch ein zweites Kind bekommen und war damit etwas überfordert. Dieses Theaterleben ist sehr anstrengend. Bis sie endlich ins Bett kam, war es schon Mitternacht. Sie konnte nie abschalten. Vor der Vorstellung konnte sie nicht essen, sie hatte immer Lampenfieber. Stattdessen hat sie immer einen Piccolo getrunken, also an Alkohol hat sie sich schon auch gewöhnt. Außerdem hat sie geraucht. So ist sie immer mehr kaputt gegangen.

Das Ende war, dass sie eine Lungenentzündung hatte, sich aber weigerte ins Krankenhaus zu gehen. Ich war unterwegs, als mich meine zweite Tochter anrief: »Die Cornelia ist tot.« Natürlich war das erst einmal unfassbar. Und dann ging der Kampf um die Kinder los. Der Sohn war schon 17 und wir haben ihn selbst entscheiden lassen, also ist er zu seinem Vater nach München gezogen. Die Tochter war erst sieben Jahre alt. Das Jugendamt entschied zunächst, dass sie zum Vater kommt. Später wurde meine zweite Tochter in Berlin ihr Vormund, woraufhin ich mich kurzfristig entschied, meine große Wohnung in Würzburg aufzugeben – weil ich fand, dass meine Tochter und meine Enkel mich brauchen.

Mein Mann war drei Jahre vor Neles Tod im Alter von 73 verstorben, angeblich an Bauchspeicheldrüsenkrebs, was ich nie ganz geglaubt habe. Er ist einfach falsch und schlecht behandelt worden von den Ärzten. Die Kämpfe mit unserer Tochter hatten ihn gesundheitlich sehr mitgenommen. Er hatte in den letzten Jahren stark abgebaut und sich im Gegensatz zu mir etwas hängen lassen. Ich war mittlerweile Reiseleiterin und sehr viel unterwegs. Eine russische Freundin von mir hatte damals als Sprachlehrerin gearbeitet und immer zu mir gesagt: »Sie müssen arbeiten. Vergessen Sie alles und arbeiten Sie.« Das war, nachdem meine Töchter aus dem Haus waren. Und dann hab ich mich zum einen für Journalismus und zum anderen für Reiseleitung interessiert. Und wie es der Zufall wollte, war die Firma Klinger damals auf der Suche nach Bewerbern für Stellen als Reiseleiter. Da dachte ich mir, ich probier's erst mal – und es hat geklappt.

Ich habe meine erste Reise bekommen, ein Trip durch Bayern und Franken, die wahnsinnig anstrengend war. Danach folgten Wien und Burgund und irgendwann war ich sogar in Russland.

Sprachkenntnisse hatte ich. Ich habe ja vorher schon sehr gut Französisch gesprochen und Englisch sowieso. Später habe ich Italienisch und etwas Spanisch gelernt sowie das russische Alphabet. Die Sprach- und Fachkenntnisse hatte ich mir selbst erarbeitet und war sogar mal Gasthörerin. Mir wurde viel abverlangt, denn das waren Kunst- und Studienreisen. Die Leute waren also anspruchsvoll. Am Anfang habe ich mal zu meiner russischen Freundin gesagt: »Ich glaub, ich hör wieder auf, das ist mir zu anstrengend.« Und sie entgegnete: »Na gut, dann bleib bei deinem Mann und langweile dich.« Das war alles, aber es hat gewirkt. Sie ist übrigens gestern beigesetzt worden, sie war sehr wichtig in meinem Leben, weil sie mich immer angetrieben hat. Als mein Mann mit 60 in Pension ging, habe ich ihn auch gefragt, ob er denn nicht noch irgendetwas machen will. Da meinte er: »Ich denke gar nicht dran!« Da dachte ich mir: Na gut, wenn du nicht dran denkst, dann denke ich dran! Ich hatte nicht die Absicht, mit meinem Mann Pensions-Ehepaar zu spielen.

Damit hatte ich ein ganz anderes Umfeld als mein Mann, der zu Hause war. Der Großteil meiner Kollegen waren Studenten. Zu denen hatte ich ein sehr gutes Verhältnis. Das war eine völlig andere Welt. Ich muss zugeben, dass ich Probleme gehabt habe, mich mit meinem Mann zu unterhalten. Auf Dauer. Er hat vieles nicht mehr richtig begriffen, was ich erzählt habe. Da gab's schon eine Kluft. Meine russische Freundin und ich haben ihn beide eines Tages beim Essen gefragt, wie er uns beide sieht. Da meinte er, meine Freundin sähe er als »Mütterchen Russland« und zu mir sagte er: »Du bist für mich jetzt E.T.« Er konnte mich nicht mehr verstehen. Ich war anders geworden. Früher ist er immer zur Bank und hat mir mein Haushaltsgeld zugeteilt und irgendwann meinte ich zu ihm: »Ich brauche dein Geld nicht!« Und dann war ich eigentlich eine selbstständige Frau und er hat das akzeptiert und sich einfach gefreut, wenn ich wiederkam. Durch diesen Beruf hatte ich sehr viele interessante Freunde. Man kann sagen, ich habe alles gesehen, was mich interessiert hat. Und da bin ich ein bisschen stolz drauf, denn ich habe die Welt erlebt und damit Geld verdient. Irgendwann stellte ich fest, dass meine Wohnung nur noch eine Absteige ist. Ich habe mal Bekannte getroffen, die gesagt haben: »Ach, Sie haben jetzt ein neues Leben!« Und ich entgegnete: »Kein neues Leben. *Das* ist das wirkliche Leben.« Da war ich um die 40.

Dass ich so spät mit meinem Beruf angefangen habe, war genau richtig. Ich war zwar keine Studentin mehr, aber trotzdem noch ziemlich fit. Ich habe dieses Alter gebraucht. Als junges Ding war ich viel zu schüchtern und hätte den Mumm gar nicht aufgebracht. Es war gut so. Anfang 40 war eine gute Zeit und es hat mir Spaß gemacht. Und ich denke, das ist eine Stärke: zu wissen, wann die Zeit reif ist, bestimmte neue Wege einzuschlagen. Mit meinen Töchtern hat sich schließlich so eine Art Freundschaft ergeben. Sie haben gemacht, was sie wollten, und ich habe mich auch nicht mehr gekümmert. Mein Job hat sie mäßig interessiert, ihre eigenen Leben waren ihnen wichtiger. Trotzdem haben sie mich dafür respektiert. Sie sind beide nicht wie ich. Dass beide ganz anders geworden sind, als ich gehofft hatte, stößt mir heute noch manchmal auf. Aber ich denke, dass sich das über die Enkelkinder geregelt hat. Denn ich wurde für meine beiden Töchter zu einer Zuflucht, weil ich mit den Kindern geholfen habe. Dadurch hatten wir irgendwann ein normales Verhältnis. Dass sich die Nele derart zugrunde gerichtet hat, wird mich natürlich immer auch wütend machen. Ich hatte ja nicht ahnen können, dass alles so kaputt geht. Dass ich trotz meines starken Dranges für Sicherheit und Ordnung zu sorgen, so wenig Einfluss auf die Geschehnisse hatte, belastet mich durchaus. Das ist wohl der Grund, warum ich allem im Leben, trotz oder gerade wegen meiner Erlebnisse, immer mit einer gewissen Besorgnis begegne. Auch jetzt, wo meine Enkelin bald ein Kind kriegt. Dabei war ich als junge Frau eigentlich fröhlich. Denn das stand mir schließlich auch zu. Nach dieser Nachkriegszeit und der Zeit im Klosterinternat … Das war ja wirklich nicht lustig.

Trotz alledem habe ich es geschafft, mir hier in Berlin ein Leben aufzubauen. Ich habe Freunde und Bekannte, ich wohne schön und genieße das Leben hier. Irgendwie macht man immer weiter. Das erfordert eine Willenskraft, ohne die du nicht klarkommst. In dem Moment, in dem du dich gehen lässt, geht's bergab. Du musst deinen Willen stärken. Sicher gibt es auch Tage, an denen es dir nicht so gut geht. Aber in dem Moment, in dem du nachgibst, ist es aus. Das will ich nicht! So war das bei meinem Mann, das fand ich nicht gut. Er hat außerdem viel zu viele fremde Ratschläge angenommen. Was der Arzt gesagt hat, war Evangelium. Ich habe ihm, als er krank war, zu anderen Dingen geraten, doch das wurde ignoriert. Wie bei meiner Tochter auch. Auf mich hat man nicht gehört. Vielleicht war ich nicht energisch genug. Vielleicht haben beide mich nicht für kompetent gehalten. Ich denke also schon darüber nach, wie ich von meiner Familie wahrgenommen wurde. Das macht mich manchmal sauer. Mein Mann war insofern typisch Mann, als er eben getan hat, was er wollte. Also haben wir getan, was er wollte. Gestritten hat er nie, er hat einfach gemacht. Und das führte dann dazu, als ich mehr oder weniger unabhängig wurde von ihm, dass ich auch einfach gemacht habe.

Jetzt kehre ich wieder zu der Gemütsverfassung zurück, die ich in jungen Jahren hatte, als ich auch den Existenzialismus so geschätzt habe. Ich brauche keinen vollen Kühlschrank, ich habe gerne die Herausforderung, rausgehen und selbst etwas erledigen zu müssen. Meine glücklichste Zeit war zum Ende des Krieges, als mein Vater und mein Bruder in Russland waren, meine Schwester bei der Marine und meine Mutter für das Rote Kreuz arbeitete. Da war ich oft ganz allein im Haus. Es gab nicht viel zu essen, aber es war meine beste Zeit. Ich fand es schön, alleine zu sein. Da gab es niemanden, der mich gegängelt hat. Das war meine glücklichste Zeit.

༄ ༅ ༄

»Meine Großmutter stammt aus Warendorf«, erzählt mir Hannelore Gerosch. Um uns herum ist es bereits stockdunkel, doch wir waren bisher zu sehr in unser Gespräch vertieft, um ein Licht einzuschalten. »Dort stand an der Kirche ein Spruch: ›Nutze die Zeit!‹ Und das ist die richtige Devise. Du musst schöne Erinnerungen sammeln. Für die Zeit, wenn du alt bist.« Wenn sie heute den Fernseher einschaltet, so Gerosch, wisse sie das noch mehr

zu schätzen. Denn mit diesen Erinnerungen, könne man auch unschöne Gedanken vertreiben. »Nimm dir außerdem die Zeit, die du brauchst, um deine Ziele zu erreichen und die Person zu werden, die du sein willst. Auch um selbstsicher und zufrieden zu werden.« *Mit 21 Jahren denke man noch, dass alles sofort passieren muss. Dabei könne man doch auch mit 41 noch sehr gut etwas erreichen. Wichtig sei der Versuch, aus allem zu lernen. Eine Aufgabe, die die Rentnerin geschafft hat, wie sie findet.* »Dazu zählt auch, so viel über dich selbst zu lernen, dass du einsehen kannst, wenn du dich mit einer Sache übernommen hast.« *So habe sie irgendwann gut verdient und alles gesehen, was sie wollte. Und dann habe sie sich allein nach Berlin aufgemacht.* »Im Grunde ist erst das Leben hier, in dieser Wohnung, die ich mir ganz nach meinem eigenen Geschmack ausgestattet habe und die ich selbst bezahlen und versorgen kann, das stärkste Erlebnis. Eigentlich fühle ich mich jetzt erst als freier Mensch. Ich bin von niemandem abhängig.« *Frau Gerosch spricht von einem späten Triumph:* »Erst mit dem Alleinsein sind mir die großen Sprünge gelungen. Da klopf ich mir manchmal auf die Schulter.«

Widerstandsfähigkeit

Marianne M.

*»Du kannst hinfallen,
aber du musst wieder aufstehen.«*

Ich habe Marianne M. in einem Pflegeheim getroffen, in das sie nach ihrem letzten Krankenhausaufenthalt ziehen musste. Hier waren auch schon ihre Schwester und ihr Ehemann betreut worden. Glücklich ist sie in dieser Einrichtung nicht, denn die geistig wache Frau M. ist hier von vielen Demenzkranken umgeben – ein Leiden, das auch ihren Mann ereilt hatte. Jedoch gibt sich die 80-Jährige mit dem zufrieden, was sie hat, sagt sie. Mir gegenüber strahlt sie einerseits Akzeptanz, andererseits Resigniertheit aus. Zwar hat sie sich in ihrem Einzelzimmer gut eingerichtet und kann offenbar sehr gut alleine sein – doch ist spürbar, dass die Abhängigkeit von anderen sie frustriert. Eine große Stütze ist ihr der Glaube an Gott, dem sie sich als Witwe besonders intensiv zugewendet hat. Schließlich ist sie überzeugt, dass ihr im Leben keine Herausforderungen gestellt werden, die sie nicht meistern kann.

☙ ✖ ❧

Ich bin 1936 in Berlin-Charlottenburg geboren. Meine Schwester war zu dem Zeitpunkt schon 14 Jahre alt. Meine Eltern hatten mit mir Nachkömmling nicht gerechnet. Somit war ich ziemlich allein, das war weniger schön. Weil ich zu Hause mir selbst überlassen war, habe ich mich im Haus herumgetrieben und bei verschiedenen Nachbarn geklingelt und sie besucht. Eine kurze Zeit lang lebten noch andere Kinder im Haus, mit denen ich spielen konnte. Aber es war zu wenig. Was ich als Kind damals nicht bemerkt habe, ist außerdem, dass ich in einer ziemlich zerrütteten Familie lebte. Die Eltern meines Vaters und die Eltern meiner Mutter haben sich nicht verstanden. Doch mit meinen beiden Großmüttern kam ich sehr gut aus.

Ansonsten war meine Kindheit vor allem vom Krieg geprägt. Im Gegensatz zu den meisten anderen Kindern bin ich nicht evakuiert worden. Ich ging hier zur Schule. Darum hatte mein Vater mir immer wieder meinen vollen Namen, unsere Adresse und Telefonnummer eingetrichtert, für den Fall, dass ich mal übrigblieb – damit ich dann sagen konnte, wer meine Eltern sind, wo wir lebten und wo meine Großeltern lebten. Das wussten viele Kinder in solchen Fällen nicht. Zum Ende des Krieges gab es keinen Unterricht mehr. Da wurde ich von einem Studienrat bei uns im Haus unterrichtet, wodurch ich viel schneller mehr Stoff lernen konnte.

Weil wir irgendwann ausgebombt wurden, ist meine Mutter mit uns zu ihrer Mutter nach Berlin-Zehlendorf gezogen. Das war natürlich auch nicht gerade schön, einfach wegen dieser Enge. Ich kann mich noch erinnern, das war ein Tag im Mai so wie heute, warm und sonnig, und auf der Clayallee standen die ganzen Villen sperrangelweit offen und die Leute gingen dort ein und aus, um sich zu bedienen. Die Bewohner waren ja geflüchtet. Kreuz und quer lagen tote Soldaten und Pferde. Und ich habe mir die immer angeguckt. Meine Mutter verstand das überhaupt nicht, die hat mich immer weggezogen. Doch als Kind habe ich dieses Entsetzen nicht gespürt. Ich wusste, dass es furchtbar ist, dass diese Menschen tot sind. Aber ich bin mit Krieg groß geworden, ich kannte ja nichts anderes und da hat man eben Leichen gesehen. Da lag ein erschossener Mann auf der Straße, dessen Blut ihm über das Gesicht und die Glatze gelaufen war. Das wollte ich mir nun mal angucken. Ich hab das anders verarbeitet.

Das sind solche Momente aus der ersten Zeit nach dem Krieg in Zehlendorf, an die ich mich erinnere. Und dort bin ich, nachdem sich alles etwas normalisiert hatte, wieder zur Schule gegangen. Aber ich konnte keine Freundinnen mit nach Hause bringen. So hatte ich dann wenig Hilfe in der Schule durch meine Mitschüler. Es wurde allgemein wenig für mich getan. Meine Zeugnisse hat meine Schwester unterschrieben. Ich denke mal, meine Mutter war mit mir überfordert und vielleicht sogar depressiv. So hatte ich keine Kindheit, in der ich, sagen wir mal, willkommen war. Man wuchs eben auf, doch fehlte es mir an Nähe.

Irgendwann hatte ich eine Schulfreundin, deren Mutter das wohl auch erkannt hat. Dort war ich öfter zu Besuch. Ihr Vater hat uns zum Beispiel in Mathe geholfen und ich bin ab und zu zum Essen geblieben. Nachdem mein Vater zurückkehrte, sind wir zu seiner Mutter gezogen, die irgendwann verstorben ist und uns ihr kleines Häuschen überlassen hat.

Mein Vater starb 1950 und meine Mutter einige Jahre später. In der Zwischenzeit hatte meine Schwester geheiratet und ihr Mann war mit in dieses Haus gezogen. Das hat bald zu Ärger geführt. Aus irgendwelchen Gründen hat sie befürchtet, ich würde ihr den Mann wegnehmen. Ich hatte eigentlich Abitur machen wollen, um dann auf die Akademie der Künste zu gehen. Die hätten mich sogar ohne Abitur genommen. Meine Mutter hat das jedoch unterbunden, weil sie wusste, dass das ein längeres Studium sein würde. »Nein, du musst Geld verdienen gehen!«, hieß es da. Dagegen konnte ich mich kaum wehren. Ein Jahr vor dem Abitur wurde ich von der Schule genommen. Meine Schwester wiederum hatte noch zu Kriegszeiten Abitur machen dürfen. Sie war Architektin geworden, wie mein Vater auch. Sie hatte ein Staatsexamen gemacht, ich nicht mal die Hochschulreife. Wegen der schlechten wirtschaftlichen Zeiten hat man es für mich nicht für notwendig gehalten. Meine Schwester hatte kein Interesse daran, dass aus mir was wird. Meine Mutter war zu schwach. Und ich hatte keine Kraft, mich gegen ihre Entscheidungen zu wehren.

Danach habe ich eine Ausbildung zur Dekorateurin gemacht. Damit habe ich jedoch nicht viel Geld verdienen können, zumal damals eher junge Männer genommen wurden. Mit 20 Jahren konnte ich eine Stelle im Großhandel finden. Ich habe da in verschiedenen Einzelhandelsgeschäften die Schaufenster ausstaffiert. Das war ein schöner Job, weil ich selbstständig arbeiten konnte, doch verdient habe ich sehr wenig. In dieser Firma habe ich auch meinen ersten Mann kennengelernt, der war 22 Jahre älter als ich. Ich habe damit irgendwie den fehlenden Vater geheiratet. Ich suchte ein Zuhause. Bei meiner Schwester zog ich aus. Nach dem Tod meiner Mutter hatten sie und ich das Haus geerbt und ich habe mir meinen Anteil auszahlen lassen. Dabei haben sie mich ziemlich übers Ohr gehauen. Da war erst mal Sendepause. Sie war froh, dass ich weg war. Doch eines Tages hat sie sich doch bei mir gemeldet, um mir eine Stelle bei der

Freien Universität vorzuschlagen. Mein Schwager war dort Leiter der Bauabteilung, darum konnte ich dort in der Verwaltung arbeiten. Vielleicht hatten beide ein schlechtes Gewissen, dass ich mich mit einer schlechten Ausbildung und wenig Geld durchkämpfen musste. So hatte ich dann eine Arbeit im öffentlichen Dienst.

Meine Ehe ging eine ganze Weile gut, doch nach zwei oder drei Jahren bin ich einmal früher nach Hause gekommen. Da klingelte es und der Gerichtsvollzieher stand vor der Tür. Es hat sich herausgestellt, dass mein Mann ein Spieler war und immense Schulden hatte. »Ich wollte dich nicht beunruhigen«, hat er gesagt. Und wenn man jung ist, denkt man ja noch, man wird mit allem fertig. Darum habe ich geglaubt, dass ich das hinkriege. Aber er hat weiter gespielt und natürlich noch mehr Geld verloren. Sein Job war irgendwann auch weg. Dann habe ich ihm vorgeschlagen, mit dem Geld meiner Schwester seine Schulden zu begleichen. Ich war ja ausgezahlt worden. Da sagte er zu mir: »Ich bin seit einem Jahr arbeitslos. Davon habe ich dir immer das Wirtschaftsgeld gegeben.« Er hat mich tatsächlich von meinem eigenen Geld bezahlt. Da denkt man immer, Ehe bedeutet Vertrauen. Also mein Vertrauen ist mächtig missbraucht worden. Das war erst mal der Knackpunkt.

Ich habe eine Nacht lang geheult und mir dann gesagt: »Nein, da machst du nicht mehr mit. So kannst du nicht leben. Du gehst arbeiten, bis er stirbt, und er wird dir alles wegnehmen.« Der Rechtsanwalt hat mich noch gefragt, ob ich einen anderen habe. »Mein Mann hat mich, auf Deutsch gesagt, beschissen!«, habe ich da entgegnet und ihm erklärt, dass es auch keinerlei Aussicht auf Änderung gibt. Der hätte ja 90 Jahre alt werden können, da wäre ich 70 gewesen. Er hätte mein ganzes Leben verpfuscht. Das ist doch schlimmer, als wenn er mich betrogen hätte! Damals griff das Scheidungsrecht nur, wenn die Ehe als gründlich kaputt galt – zum Beispiel, wenn er sich geweigert hätte, mit mir zu schlafen. Das wäre dann eine Verweigerung der ehelichen Pflichten gewesen und somit ein Scheidungsgrund. Aber mich bescheißen, das war erlaubt. Damals konnte auch keine Frau schuldig geschieden werden. Kein Mensch hätte mich je wieder geheiratet. Ich musste mich schuldlos scheiden lassen! Darum brauchten wir seine Aussage – und die hat er sich bezahlen lassen. Ich habe die ganze Scheidung bezahlen müssen.

Danach hatte ich die Schnauze natürlich gestrichen voll, denn ich musste alles abbezahlen. Ich habe mir eine Einzimmerwohnung gesucht, die ich erst einmal einrichten musste. Schließlich hatte ich ja nichts mehr. Das hat mich dermaßen beschäftigt, da war gar nicht daran zu denken, sich neu zu binden. So gingen die Jahre ins Land. Ich bin ab und an verreist, um mal andere Luft zu schnuppern. Hin und wieder hatte ich einen Freund, aber das waren keine ernsten Beziehungen. Obwohl mich diese Männer heiraten wollten. Ich hatte einfach zu schlechte Erfahrungen gemacht, um das nötige Vertrauen aufzubauen. Und dann war ich Anfang 40, als ich mir dachte: Jetzt bist du schon so alt, das wird nichts mehr! Es hat sowieso keinen Sinn. So beschloss ich, mich gut einzurichten, das zu machen, was mir Spaß macht, und mich auf meine Interessen zu konzentrieren, zum Beispiel auf das Malen.

An meiner Uni gab es zwei arabische Ärzte, mit denen meine Kollegin und ich uns angefreundet hatten. Die haben uns zum Beispiel mit arabischem Essen und auch der Sprache bekannt gemacht. Einer dieser Freunde hat uns immer mal von seiner Zeit in Göttingen und von seinen Freunden dort erzählt. Irgendwann hat er sich nicht mehr gemeldet. Nach ein bis zwei Jahren habe ich wieder einen Anruf von ihm bekommen: »Willst du nicht heiraten?«, hat er gefragt. »Hoffentlich nicht dich!«, habe ich entgegnet. Nein, es ging ihm um seinen Freund aus Göttingen. An die Erzählungen von dem konnte ich mich dunkel erinnern. Er hatte eine Freundin gehabt, die verstorben war, und um ihn aufzumuntern, versuchte nun unser gemeinsamer Kumpel, uns zu verkuppeln. Und dieser Freund rief mich dann an. Musbah war sein Name und er hat mich rundheraus gefragt, ob ich nicht heiraten möchte. Er habe hier auch ein Standesamt in Göttingen. »Sie gehen ja ran!«, habe ich gesagt. Wir haben in der folgenden Zeit viel telefoniert, Briefe geschrieben und Fotos geschickt. Dann kündigte er mir seinen Besuch in Berlin an. Zuvor hatte ich noch gemeinsam mit einer Freundin überlegt, nach Göttingen zu fahren, um mir diesen Mann mal anzusehen. Und dann war er plötzlich da. Ich habe ihn am Bahnhof Zoo abgeholt und wir sind gemeinsam nach Hause gegangen. Wir haben schön gegessen und ich habe ihm vorgeschlagen, bei mir zu übernachten. Ich hatte ja nur eine Einzimmerwohnung und kein Gästezimmer für ihn. Aber schließlich waren wir alt genug! Es war zwar zunächst ein bisschen komisch. Wir waren beide keine Typen, die jemanden kennenlernen und sofort mit der Person in die Kiste gehen. Aber irgendwo musste er ja schlafen. Und Sie werden es nicht glauben: Er war dann zwei Tage bei mir. In der

Zeit hat er abgewaschen und die Küche geputzt … Er hat sich richtig nützlich gemacht, so etwas kannte ich überhaupt nicht! Ich kann Ihnen nicht sagen, wie das kam. Es ist so, als ob ich geführt worden bin. Er blieb bei mir, schlief bei mir und wir sind dann am nächsten Morgen zum Standesamt gegangen. Ich habe das plötzlich als völlig normal wahrgenommen. Wir haben uns also am Tag zuvor das erste Mal gesehen und dann gleich unsere Heirat organisiert. Das erforderte ja einigen Aufwand, allein schon wegen der Übersetzungen. Und nach vier Wochen waren wir ein Ehepaar. Das war 1977.

Wir mussten zunächst eine Wohnung und einen Job für ihn finden. Da wusste ich noch nicht, wie viele Klamotten er besaß. Das war das nächste Problem. Alles war soweit ganz schön: Wir haben zusammen gewohnt, hatten beide Arbeit und konnten reisen. Nur hatte er unglaublich viele Sachen. Die Bude wurde immer voller und voller. Es war schrecklich. »So geht das nicht«, habe ich gesagt. »Ich kann so nicht leben!« Daraufhin haben wir eine zweite Wohnung gemietet. Nur für seine Sachen. Er hat alles gesammelt: Tausende Schallplatten, Bücher, Klamotten. Das war eine richtige Zwangsstörung, eine Kaufsucht. Er konnte sich nicht reduzieren. Von so etwas hatte ich vorher auch noch nie gehört. Der eine hat alles verspielt, dann hatte ich zwischendurch einen Freund, der soff, der sogar zusammengebrochen war. Irgendwie landeten solche Leute immer bei mir.

Aber ich dachte, dass wir uns nun einmal lieben und somit schlicht eine Lösung finden müssen. So hatte nun jeder seinen

Kram in einer Wohnung. Allerdings wollte ich auch sichergehen, dass seine Wohnung ein bisschen nett ist. Aber da hat er sich nicht reinreden lassen. Das ging soweit, dass ich diese Wohnung nicht betreten konnte. Nur als er mal einen schweren Unfall gehabt hatte, musste ich einfach dort rein. Das kann nicht wahr sein, dachte ich in dem Moment. Man kam nicht mehr rein! Ich habe die Tür kaum aufgekriegt. Selbst auf dem Bett türmten sich die Sachen. Ich weiß gar nicht, wie er dort überhaupt schlafen konnte. Danach habe ich versucht, mit ihm einen Teil dieses Krams auszusortieren. Das war für ihn ein Ding der Unmöglichkeit. Sein Herz hat geblutet, wenn er irgendetwas wegschmeißen musste.

Und dann bekam er Alzheimer. Ich konnte bald mit ihm gar nicht mehr alleine sein. Er wollte immer weglaufen. In seinem Wohnhaus fand er sich nicht mehr zurecht, davon haben mir später die Nachbarn erzählt. Ich konnte das schließlich gar nicht selbst beobachten. Bald wurde klar, dass mein Mann rund um die Uhr Betreuung braucht. Ich hatte ihn 2001 in diesem Heim hier angemeldet, in der Hoffnung, dass bald ein Platz für ihn frei wird. Wir sind dann noch mal verreist und auf der Zugfahrt zurück hat er einen Zusammenbruch erlitten. Er war erst unruhig geworden und dann richtiggehend aggressiv. Ich hatte blaue Flecke, die Zugbegleiterin hatte blaue Flecke – solche Angstzustände hatte er gehabt. Wir haben notgedrungen Halt gemacht und die Ambulanz hat ihn ins Krankenhaus gebracht. Ab da hat sich für uns aber wieder alles gefügt. Ich habe an dem Tag nämlich erneut in dem Heim angerufen, um zu fragen, ob es mittlerweile einen Platz für meinen Mann dort gibt. Und die Frau antwortete mir, dass sie mich kontaktiert hätten, doch ich war ja nicht zu Hause gewesen. Am Tag darauf habe ich meinen Mann aus dem Krankenhaus abgeholt und ihn fast nicht wiedererkannt. Sein Zustand hatte sich derart verschlechtert. Das Personal hat mir zum Beispiel erzählt, dass er sein Gebiss im Blumentopf eingegraben hatte und sehr viel Bargeld bei sich trug. Daraufhin habe ich ihn ins Pflegeheim gebracht, wo er 2003 verstorben ist. Ab da war ich Witwe. Ich brauchte dann gewisse Rituale. Unter anderem bin ich jeden Morgen an seinem alten Arbeitsplatz, einem Krankenhaus, im Garten spazieren gegangen. Manche Gegenden wiederum musste ich komplett meiden. Diese große Trauerphase hat etwa drei Jahre gedauert. Ich habe mich in den Jahren danach intensiver der Kirche zugewandt. Statt nur noch sonntags zur Andacht zu gehen, habe ich zusätzlich einen Bibelkreis gegründet und ein Jahr lang an einem Bibelseminar teilgenommen. Bei der Gelegenheit habe ich natürlich wieder mehr Leute kennengelernt und bin nicht so stark vereinsamt.

☙ ❦ ☙

»Ich musste immer Steine aus dem Weg räumen. Trotzdem habe ich immer versucht, meine Probleme zu lösen«, erklärt Frau M. »Doch ich habe mir immer gesagt: Du kannst hinfallen, aber du musst wieder aufstehen. Sonst gibt man sich auf. Und das habe ich nicht getan! Ich habe mir gesagt, dass mir nicht mehr zugemutet wird, als ich vertragen kann.« Marianne M. hatte keinen normalen Lebenslauf, sagt sie. Sie habe immer kämpfen müssen. »Zunächst gegen drei Erwachsene. Ich war ja klein und

weder meine Eltern noch meine Schwester hatten großes Interesse an mir.« Schließlich sei sie mit Sicherheit nicht geplant gewesen und habe deshalb doch viel Ablehnung erfahren. Hinzu kam die erste Ehe und die Probleme, die damit einhergingen. *»Auch in meiner zweiten Ehe hat es gekriselt wegen seiner Probleme und seinem Verhalten. Er hat sich zu wenig gekümmert. Wir standen kurz vor der Scheidung und ich hatte sogar kurz einen anderen.«* Doch habe sich das Paar wieder versöhnt und für die gemeinsame Beziehung gekämpft. Eine solche Bindung müsse eben gepflegt werden. *»Sonst fühlt der andere sich verloren.«*

Nachdruck

Dr. Rolf Donner

»Um dich durchzusetzen, brauchst du Verbündete!«

Nach dem Tod seiner Lebensgefährtin lebt Dr. Rolf Donner allein in einer riesigen Wohnung. Als ich ihn treffe, sortiert er diverse Sachen aus und ich habe später Filzstifte und Hefter im Schlepptau – und einen Bauch voller Eclairs. Herr Dr. Donner hat mich nämlich zum Kaffee eingeladen und Kuchen serviert. Der 87-Jährige ist Chemiker und ehe ich mich versehe, lerne ich allerhand über Kohlendioxid, Wasserdampf, die Atmosphäre, den Regenwald und Atomendlager. Denn Dr. Donner hat sowohl sein berufliches Leben als auch sein Privatleben dem Umweltschutz verschrieben. Unseren kleinen Diskurs in Chemie und Klimawandel habe ich aus diesem Kapitel ausgelassen. Doch natürlich haben Dr. Donner und ich auch über sein Leben gesprochen, wobei er festgestellt hat, dass man im Leben vor allem das bereut, was man nicht getan hat. Und obwohl ich 60 Jahre jünger bin, ist das ein Fazit, das auch ich so unterschreiben würde.

ও ও ও

Geboren bin ich am 4. Mai 1930 in Leipzig. Mein Vater war Zimmermann und meine Mutter Sekretärin. Als ich mal von der Schule nach Hause kam, überraschte ich meine Mutter beim Weinen. »Warum heulst du denn?«, wollte ich wissen. »Weil Krieg ist.«, sagte sie. Meine Kindheit war also nicht allzu schön. Ständig dieser Bombenalarm und mein Vater war ein bisschen sehr streng. Krieg ist doch was Schreckliches. Daran denke ich heute noch oft und bin auch gegen unsere Involvierung in Jugoslawien damals und heute in Afghanistan. Als Kind war aber auch ich im Jungvolk, allein schon, weil all meine Freunde dort waren. Ich wollte schließlich dazugehören. Um die Hitlerjugend habe ich mich dann drücken können, durch meine Lehre.

Meine Eltern waren selbst auch gegen den Krieg, denn meine beiden Großväter sind im Ersten Weltkrieg gefallen. Später sind meine Eltern, meine Schwester und ich nach Holzhausen bei Leipzig zu meiner Oma gezogen. Das war natürlich beschwerlich, meine Oma war ja auf vier weitere Personen gar nicht vorbereitet. Etwa 1944 habe ich meine Lehre zum Chemiefachwerker gemacht. Ich hatte mich als Schüler immer sehr für die Chemie interessiert. Wir hatten zum Beispiel Raketenautos gebaut und das Schießpulver dafür selbst hergestellt. Das war eigentlich gefährlich. Ein Freund hatte da zunächst Dynamit in die Patrone gemacht. Da sagte meine Mutter, dass das Quatsch sei, weil das gleich ganz explodiert. Das andere Schießpulver entzündet sich kontinuierlich. Wir haben daraufhin Salpeterpapier angezündet, und dessen Funken sind auf das Schießpulver übergesprungen, das zischte daraufhin raus und das Auto bewegte sich.

Chemie hat mich also begeistert, aber zu dem Zeitpunkt wusste ich noch nicht, dass ich mich irgendwann vor allem auf Umweltschutz konzentrieren würde. Nach der Ausbildung zum Chemiefachwerker konnte ich 1946 Anstellung im Kohlekraftwerk Böhlen finden, wodurch ich später die Möglichkeit hatte zu studieren. Das Studium fing ich 1948 an. Da habe ich mich mit Toxikologie beschäftigt. Außerdem habe ich während meiner Studienzeit das Segelfliegen erlernt. Dafür hatte ich später im Beruf leider keine Zeit mehr. Nach meinem Studienabschluss arbeitete ich eine Zeit lang am Toxikologischen Institut in Leipzig. Zwischendurch hatte ich geheiratet, doch die Ehe hielt nicht lang. Wir haben allerdings einen Sohn zusammen bekommen. Nach der Scheidung von meiner Frau bin ich etwa 1964 nach Berlin gegangen, wo ich später meine Lebensgefährtin traf, mit der ich über 35 Jahre lang zusammen war. Sie ist vor ein paar Monaten gestorben. Auch mit 86 Jahren hat sie noch Dinge gesagt wie: »Komm kuscheln!« Wir waren aber nicht verheiratet. Sie meinte: »Ich war zweimal verheiratet und zweimal sind mir die Männer gestorben. Jetzt will ich nicht noch mal!«

Nach meinem Umzug nach Berlin in den Sechzigern, war ich zunächst in der Veterinärmedizin tätig und habe untersucht, wie verschiedene Parasiten auf welche Gifte reagieren. Da ging es ja schon mit der Massentierhaltung los, darum mussten alle Tiere mit dem gleichen Stoff behandelt werden. Ein paar Jahre später kam ich ans Ministerium für Umweltschutz. Dort bin ich einmal ins Fettnäpfchen getreten, weil ich Westliteratur verteidigt hatte. Auf der großen Messe, die immer in Leipzig ausgerichtet wurde, hatte ich nämlich auch die Stände von Betrieben wie Bayer besucht und mir da Fachliteratur ausgesucht. Weil ich mich für diese eingesetzt hatte, musste ich meine Stelle verlassen. Damit hatte ich aber ziemliches Glück, weil ich mich dadurch Aufgaben widmen konnte, die mehr meinen Interessen entsprachen.

Ich landete danach in mehreren Berliner Betrieben, zuletzt war ich bei Berlin Chemie. Ich wurde zum Beispiel regelmäßig zu Fundorten von unbekannten Chemikalien berufen, um diese zu identifizieren und zu analysieren. Außerdem habe ich mich intensiv mit Recycling beschäftigt und zum Beispiel auch die Abproduktemesse organisiert. In der Industrie fallen immer Abfallprodukte an, wobei ich gegen den Begriff Abfall bin. Für mich sind das Abprodukte. In der Natur gibt es auch keinen Abfall und die sollte es in der Produktion auch nicht geben. Mein großes Ziel war darum, dass alle Abprodukte weiterverwendet werden. Selbst Atommüll, mit dem ich mich zuletzt beschäftigt hatte, kann man so aufbereiten, dass daraus Mischbrennstoffe gewonnen werden. Der Umweltschutz war für mich nicht nur ein berufliches, sondern auch ein persönliches Anliegen. Wenn für Biodiesel Urwälder abgeholzt und Tiere ausgerottet werden, habe ich dafür kein Verständnis. Wenn der Urwald weg ist, verändert sich natürlich auch das Klima. Dadurch, dass wir jeden Tag Werbung im Briefkasten haben, müssen nach meinen Berechnungen 17 Millionen Bäume im Norden Russlands sterben. Die Finnen haben große Papierfabriken aufgebaut und mit Russland vereinbart, russische Wälder für die Produktion zu nutzen. Da kann man nichts dagegen machen, wenn die Betriebe zehn Prozent ihres Gewinns für Reklame nutzen und diese wird eben auf Papier gedruckt. Wirtschaftliche Interessen haben also meistens Vorrang. Deshalb habe ich mich dafür eingesetzt, dass der Mensch zumindest keinen Abfall mehr produziert.

Sein Hobby sei irgendwie zum Beruf geworden, erzählt Dr. Donner. Und im kleinen Rahmen habe er doch einiges erreicht. Heute ist der 87-Jährige noch stellvertretender Vorsitzender des Vereins

deutscher Ingenieure und Vorsitzender der Arbeitsgruppe Umwelttechnik Berlin-Brandenburg. Er wisse immer noch nicht, was Langeweile ist. »Ich habe nie bereut, was ich gemacht habe«, erklärt der Rentner. »Aber ich habe etliches bereut, was ich nicht gemacht habe.« Er findet, er hätte sich manchmal stärker durchsetzen sollen, gerade in Bezug auf seine Überzeugungen zum Thema Umweltschutz. »Ich habe mich nicht vehement genug zu Wort gemeldet. Dafür hätte ich mir mehr Verbündete suchen müssen, um mir Gehör zu verschaffen.« Er sei manchmal zu sehr Eigenbrötler gewesen. »Für die Ideen, die du hast, musst du kämpfen. Aber halte dich auf dem Laufenden und sei bereit, deine Überzeugung anzupassen.« Wenn er also eines Tages vor dem lieben Gott stehen sollte, sagt Dr. Donner, und dieser fragt: »Was hast du denn so gemacht?«, könne er entgegnen: »Ich habe mir Mühe gegeben, deine Umwelt zu erhalten.«

Offenheit

Helga Behrendt

»Wichtig ist, anderen nicht allzu viel übel zu nehmen.«

Helga Behrendt gehört zu den Menschen, deren Zufriedenheit und Unbekümmertheit sich sofort beruhigend auf mich ausgewirkt haben. Wo sich andere im Alter mehr und mehr mit ihrer Vergangenheit auseinandersetzen, sagt die Oma von meiner Freundin, sie schaue lieber in die Zukunft. Sie selbst schreibt sich keine großen Stärken zu, doch habe ich den Eindruck, dass sie durch ihre aufmerksame und ungezwungene Art, mit der sie anderen gegenübertritt, etwaige Unsicherheiten im Leben immer gut im Griff hatte. Frau Behrendt beschreibt sich als friedlichen Menschen und als Zuhörerin, die ihren Mitmenschen stets mit Offenheit begegnet. Womit sie, wie ich finde, doch eine sehr große Stärke beschreibt.

༺ ༻ ༺

Geboren bin ich in Berlin und habe auch nur dort gelebt. Im Krieg sind wir zwischendurch nach Schweidnitz (heute Widnica) in Schlesien evakuiert worden, aber nicht allzu lang. Wir haben dort vom Krieg überhaupt nichts mitbekommen. Doch ich erinnere mich, dass ich in Berlin oft in den Luftschutzkeller musste. Zum Teil stand mein Kinderbett dort unten. Das sind Momente, die mir in den Sinn kommen, wenn ich heute so oft von Krieg auf der Welt höre. Die Rückreise 1945 war sehr beschwerlich. Wir hatten gerade noch den letzten Zug aus Polen erwischt und es waren sehr viele Verletzte an Bord. Ich war damals fünf Jahre alt, und das alles war natürlich besonders erschreckend für mich. Nach unserer Ankunft in München haben wir uns irgendwie nach Berlin durchgekämpft. Dort haben wir festgestellt, dass unsere Wohnung mittlerweile von einem Kollegen meines

Vaters bewohnt wurde. Es herrschte schließlich überall Wohnungsnot. Darum blieb uns nichts, als zunächst bei meiner Oma zu kampieren. Doch als die Russen in Berlin einrückten, mussten wir aus der Wohnung raus, weil sie beschlagnahmt wurde. Danach zogen wir zu meiner Tante. Dort um die Ecke war ein Teil der Truppen stationiert und der Oberst hat sich auch in ihrer Dreizimmerwohnung einquartiert. Er und seine Freundin haben sich das große Wohnzimmer genommen. Und meine Tante, mein Vater, meine Oma, meine Cousine und ich durften den Rest der Wohnung bewohnen. Wir waren ziemlich viele Leute für die eineinhalb Zimmer, die uns dann noch blieben. Allerdings hatten wir es insofern gut, als dieser Oberst gut mit Lebensmitteln versorgt wurde und uns auch Essen gebracht hat. Das war zu der Zeit natürlich wichtig, denn es gab ja kaum etwas.

Meine Mutter starb, als ich fünf war. Sie war schon immer sehr herzkrank gewesen und konnte sich nicht viel um mich kümmern. Wir standen uns also nicht besonders nah. Ich musste immer sehr viel Rücksicht auf sie nehmen und mich ruhig verhalten. Ihr Tod war mit Sicherheit schlimm, aber dadurch, dass wir keine enge Beziehung zueinander haben aufbauen können, habe ich es ganz gut verkraftet. Meine Tanten, meine Oma und mein Vater haben mich derart bemuttert, dass ich das gar nicht so schlimm empfunden habe. Sie haben mir auch viele Ratschläge gegeben, die ich mir zu Herzen nahm. Einfach, weil ich dachte, die sind so gut durch ihr Leben gekommen. Ich habe ihnen immer gerne zugehört und zugesehen und auch einiges von ihnen abgekupfert. Sie waren sehr fleißige und rücksichtsvolle Leute. Manchmal bei Klassenausflügen, die von Müttern begleitet wurden, die an ganz andere Sachen zum Mitnehmen gedacht haben als meine Oma, habe ich an meine Mutter gedacht.

Mit fünf Jahren bin ich eingeschult worden und habe bis zur 8. Klasse die Grundschule besucht. Danach folgten vier Jahre Oberschule und 1957 eine zweijährige Ausbildung zur Chemielaborantin bei Berlin Chemie. In dem Beruf habe ich auch zehn Jahre gearbeitet, bis ich 1967 meinen Sohn bekommen habe. Ich hatte 1964 geheiratet. Mit meinem Kind war ich dann drei Jahre lang zu Hause. Nach dieser Zeit habe ich eine ganze Weile in der damaligen Hochschule für Ökonomie gearbeitet, doch irgendwann wurde mir der politische Einfluss dort zu groß. Es folgte eine Stelle bei der Arbeiterwohnungsbaugenossenschaft, die mich jedoch nicht auslastete, weshalb ich im Personalwesen eines Furnierbetriebs Anstellung fand. Der wurde nach der Wende allerdings abgewickelt, wodurch ich mir wieder etwas suchen musste, dieses Mal beim Arbeitsamt. Da bin ich bis kurz vor der Rente geblieben. Ich muss sagen, dass ich die Chemie nie vermisst habe. Mir hat sie zwar Spaß bereitet damals, aber meine anderen Aktivitäten eben auch. Schließlich kann man ja auch mal was Neues lernen. Meine ehemaligen Kollegen bei Berlin Chemie haben immer gesagt: »Dass du dich das getraut hast!« Denn danach als Sachbearbeiterin tätig zu sein, war immerhin doch etwas völlig anderes. Das war mir ja zunächst alles völlig fremd. Doch trotzdem hat's mir Spaß gemacht. Ich habe die Dinge so auf mich zukommen lassen. Mich schnell irgendwo reinzufinden, ist mir immer sehr leicht gefallen. In meinem Leben ist alles so gelaufen, wie man es sich nur wünschen kann, finde ich. Ich war mit allem zufrieden, was wir hatten. Doch mit der Vergangenheit setze ich mich allgemein nicht viel auseinander, die ist ja schon passiert. Ich guck nach vorne.

Große Stärken habe sie nicht, behauptet Helga Behrendt wie bereits berichtet. Zwar habe sie ihre Meinung gesagt, doch war es ihr auch wichtig, unangenehme Situationen zu vermeiden, die zu nichts führen. »Ich habe immer versucht, mich anzupassen und möglichst Ärger aus dem Weg zu gehen.« *Seine Meinung verstecken solle niemand, denn Unehrlichkeit möge sie nun auch nicht, erklärt Frau Behrendt.* »Ich wusste immer, wie ich die Leute nehmen muss. Wichtig ist, anderen nicht allzu viel übel zu nehmen und auch verzeihen zu können.« *Vielleicht hätte ihr etwas weniger Zurückhaltung manchmal gut getan, doch sei Harmonie in ihrem Umfeld ihr sehr wichtig gewesen. Streit läge ihr absolut nicht, betont Frau Behrendt.* »Ein bisschen mehr Selbstvertrauen wäre nicht schlecht gewesen«, *sagt sie und ergänzt, sie habe meistens andere beobachtet und sich ihnen dann angepasst. Jedoch habe sie sich selbst insofern helfen können, als sie ihren Mitmenschen stets mit Toleranz begegnet sei.* »Ich bin eher eine Zuhörerin. Meine Aufmerksamkeit haben die anderen vielleicht auch geschätzt. Und ich akzeptiere Menschen, die sehr gebildet und erfolgreich sind, genauso wie Menschen, die weniger wissen und sich durchkämpfen.« *Allerdings betont Frau Behrendt, dass sie kein Duckmäuserich sei:* »Ich habe auch gesagt, wenn mir etwas nicht gefallen hat. Doch mir war immer wichtig, mit allen gut auszukommen.« *Ihre Friedlichkeit und Rücksicht sowie ihr Verständnis hätten ihr im Leben sehr geholfen. Sie ha-*

be zum Beispiel sehr nette Kollegen gehabt, mit deren politischer Meinung sie nicht einverstanden war. »Das habe ich durchaus angesprochen, damit habe ich nicht hinter dem Berg gehalten. Denn die Leute müssen ja wissen, wie ich zu einer Sache stehe.«

Durchhaltevermögen

Erna Hempel

»Geht nicht, gibt's nicht«

Schon am Telefon eröffnete mir Erna Hempel ganz unverblümt, dass sie mit 16 Jahren nach Sibirien verschleppt worden war. Mir persönlich war bis zu unserem Gespräch wenig bekannt über das Schicksal der Zwangsarbeiter, die in Arbeitslagern ihr Leben riskieren mussten. Umso erschreckender war dieser Zeitzeugenbericht für mich, denn ich bedauere es sehr, so wenig über dieses Kapitel der Nachkriegszeit zu wissen – obwohl mich Frau Hempels Geschichte vor allem beeindruckt hat. Mit fast 90 Jahren ist sie unerwartet fit und wach und das trotz ihres harten Lebens. Sie meinte dazu nur im Scherz, dass ihr die Kälte damals alle gefährlichen Keime im Körper »weggefroren« hat. Was auf mich am meisten Eindruck gemacht hat, ist, dass Erna Hempel keinen Groll zu hegen scheint, obwohl das Leid, das ihr und anderen in Sibirien widerfuhr, größtenteils in Vergessenheit geraten ist – oder gar nicht erst anerkannt wurde.

ಏ ఈ ಏ

Geboren bin ich 1928. Ich stamme aus der Niederlausitz; aus dem Teil, der heute zu Polen gehört. Ich war das jüngste von sieben Kindern und habe sehr früh angefangen, im landwirtschaftlichen Betrieb meiner Eltern zu arbeiten. Wir mussten schuften wie die Kesselflicker. Ehe ich morgens zur Schule ging, habe ich drei Kühe gemolken. Später haben bei uns zwei Polen gearbeitet, weil meine Brüder in den Krieg ziehen mussten. Wir haben genauso viel arbeiten müssen wie sie. Ich hatte schon eine schwere Kindheit. Im Sommer ist mein Vater zur Schule gegangen und hat gesagt, ich könne nicht kommen, weil wir die Ernte einfahren mussten. Da saß ich hinten auf dem Mähbinder und habe aufgepasst, dass alles gebunden war und sich nichts staut. Einmal kam jemand aus dem Ort vorbei und hat mitgehört, wie mein Vater mich aufforderte, mich hinten auf die Maschine zu setzen. Der sagte daraufhin: »Sag mal, bist du verrückt? Das Mädel muss Sachen machen, die schaff ich ja nicht mal als Mann!« So war mein Vater. Sein Credo lautete immer: »Geht nicht, gibt's nicht!« Ich wollte eigentlich eine Lehre machen. Mein Lehrer hatte meinen Eltern damals gesagt, ich solle studieren, denn ich war sehr gut in der Schule. Ich habe seitenlange Aufsätze geschrieben, die liefen mir direkt aus der Feder. Darauf habe ich immer Einsen bekommen.

Aber damals war das alles nicht möglich. Anfang März, als ich gerade 16 Jahre alt war, wurden mein Vater, meine Schwester und ich von zwei russischen Soldaten auf einer Wiese unweit unseres Hofs überrascht. Die Bewohner aus dem nächstgelegenen Ort waren zuvor dazu aufgefordert worden, ihre Häuser zu verlassen, und in einem Treck die Straße entlang begleitet. Als dieser Zug an uns vorbeilief, forderten uns die Soldaten, ebenfalls mitzukommen. Wir hatten nichts dabei außer unsere Sachen, die wir am Leib trugen. Meine Mutter war zu Hause mit den Kindern meiner ältesten Schwester. In Sommerfeld (heute Lubsko) wurden mein Vater und ich angehalten, während meine Schwester mit den anderen weiterlaufen durfte. Uns haben sie eine Woche lang in einem Zimmer des Hotels im Ort eingesperrt. Meine Schwester und die anderen wurden in einer Scheune festgehalten. Dort entging sie dem Scheinwerferlicht und den wachsamen Augen des Postens und ist schnell davongelaufen und in die Lubst gesprungen, die durch den Ort fließt.

Sie ist so lange durch das Wasser gewatet, bis sie außer Sichtweite war, und hat sich danach zurück in unser Dorf durchgekämpft. In Sommerfeld wurden irgendwann die Männer mit Lkws abgeholt, darunter auch mein Vater. Ich konnte mich nicht von ihm verabschieden, weil wir hinter abgeriegelter Tür ausharren mussten. Doch auch er ist ausgebrochen. Weil er die Gegend gut kannte, hat er durch den Wald fliehen und dem Kugelhagel seiner Verfolger ausweichen können. Von den Männern, die mit ihm waren, hat keiner das Schicksal überlebt, was nun folgen sollte. Von der Flucht meiner Schwester und meines Vaters erfuhr ich erst später, denn wir Übriggebliebenen wurden mit dem Lkw zunächst nach Grünberg (heute Zielona Góra) transportiert, danach ging es nach Beuthen (Bytom) in Oberschlesien. Dort stiegen wir in Kohlewaggons und wurden vier Wochen lang nach Sibirien verfrachtet.

Aus unserem Waggon gab es während dieser Zeit kein Entkommen. Er war verriegelt. Täglich kam eine polnische Krankenschwester rein und fragte nach der Zahl der Toten. Nach den Kranken fragte sie nicht. Nachdem die Leichen aus den Waggons entfernt worden waren, ging es weiter. Jeden Tag bekamen wir lediglich eine halbe Tasse Erbsensuppe und eine halbe Tasse Wasser. In jedem Wagon waren über 50 Personen, doch wir durften uns während der Fahrt nicht waschen. In einer Rinne konnten wir unsere Notdurft verrichten. Die Endstation: Kemerowo im Westen Sibiriens. Die Entfernung zu Lubsko beträgt 4500 Kilometer Luftlinie. Bei unserer Ankunft erhielten wir Salzfisch und mussten weitere zwei Wochen lang in dem Waggon aushalten. Wir litten an furchtbarem Durst. Auf dem beschwerlichen Fußmarsch ins Lager versagten uns die Beine den Dienst – schließlich waren wir wochenlang eingesperrt gewesen. Obwohl wir völlig entkräftet waren, mussten wir jeweils zu viert die Toten mitschleppen. Dann wurden wir ohne Strohsäcke und ohne Decken in Erdbaracken untergebracht. Wir mussten auf blanken Brettern schlafen, wo wir von Tausenden Läusen, Wanzen und Ratten umgeben waren. Der ganze Fußboden war mit ihnen übersät; wir konnten kaum treten. Wir hatten nichts, außer dem, was wir am Leibe trugen. Im Winter herrschten Temperaturen von unter minus 50 Grad Celsius. Erst später erhielten wie eine wattierte Hose und eine wattierte Jacke. Danach kam ich zunächst auf den Bau. Für die Grundmauern mussten wir Schächte graben, die 2,20 Meter tief und 60 Zentimeter breit waren – nur mit einem Spaten. Später kam ich ins Ziegeleilager. Wieder haben wir in Erdbaracken unter den gleichen Bedingungen gehaust. Und selbst bei Temperaturen von minus 60 Grad Celsius mussten wir arbeiten. Es war für uns die Hölle. Nach kurzer Zeit bekamen wir keine Luft mehr, weil uns bei der Kälte die Luft schlicht gefroren ist. So wechselten wir uns laufend ab. Die Waggons, die den Zement lieferten, mussten wir auch nachts entladen. Es gab zwei Schichten: Von 8 Uhr bis 20 Uhr und von 20 Uhr bis 8 Uhr. Haben wir unser Soll nicht erfüllt, mussten wir unseren Posten räumen und an anderer Stelle weiterarbeiten – bis der Brigadier uns Erlaubnis gab, ins Lager zurückzukehren. Er überzog gern um mehrere Stunden.

Wir hatten das Glück, einem Kriegsgefangenenlager angeschlossen zu sein, so hatten wir ab 1947 die Möglichkeit, in die Heimat zu schreiben. Alle drei Monate bekamen wir eine Karte, auf die wir 25 Wörter schreiben durften. Ich habe eine Nachricht nach Hause geschickt und zufällig gab es noch einen Mann im Dorf, unseren Ölmüller, der meine Familie kannte. Der hat wegen meines Namens auf der Post die Karte gelesen und geantwortet: »Es ist niemand mehr hier.« Denn da waren die anderen bereits vertrieben worden. Erst, nachdem ich dem Roten Kreuz schrieb, konnte ich meine Eltern ausfindig machen. 1948 wurden wir ins Stadtlager verlegt, wo wir im Motorenwerk Schwerstarbeit verrichten mussten, zum Beispiel in der Eisengießerei.

An einem Sonntag mussten wir einmal ein Flussbett zuschippen und haben dafür ein paar Rubel bekommen. Da sind wir schnell zu einem Fotografen gelaufen und haben ein Bild von uns machen lassen. Sie werden sich sicher über den Pullover wundern, den ich auf dem Bild trage. Die japanischen Kriegsgefangenen hatten solche beigefarbenen Manschetten, die sie uns gegen Brot angeboten haben. Dann habe ich mein Brot geopfert und mit einem angeschliffenen Stück Draht gestrickt. Eine von den Mädels hatte Handschuhe mit so einem Muster, das ich mir abgeguckt und vorne auf den Pullover gestrickt habe. Not macht erfinderisch. Und wir kriegten ja auch sonst nichts zum Anziehen. Bei meiner Rückkehr habe ich auch wieder Fotos von mir schießen lassen. Da meinte die Frau: »Na, sagen Sie mal, Sie können ja überhaupt nicht mehr lachen!« Ich konnte auch tatsächlich nicht mehr lachen. Ich hatte zwischendurch die Gelbsucht, da musste ich im Krankenhausflur auf einer Bank schlafen. Und zum Schluss wurde bei mir eine Lungenentzündung festgestellt.

Anfang Oktober 1949 durften wir das Lager verlassen und nach Hause zurückkehren. Aber erst nachdem wir kurz vor Schluss noch auf der Kolchose nach Kartoffeln graben mussten. Weihnachten traf ich wieder in Deutschland ein, in der Nähe von Frankfurt Oder. Meine Eltern hatten da schon unseren Heimatort verlassen müssen und in Löwenberg Fuß gefasst. Sie werden es nicht glauben, ich bin mitten in der Nacht dort angekommen, kannte mich aber natürlich an dem Ort nicht aus. Somit wusste ich auch nicht, dass die Bewohner dort sehr ängstlich waren, weil die Russen im Ort den Nachtwächter erschlagen hatten. Mir wollte darum keiner Auskunft geben. Ich habe letzten Endes irgendwann die Adresse meines Elternhauses gefunden, bin dort auf den Zaun vorm Haus geklettert und habe an ein Fenster geklopft. Das war das Zimmer meines Bruders, der antwortete: »Wir machen nicht auf!« Da habe ich nur gesagt: »Wilhelm, ich bin's!« Und er hat mich sofort erkannt, obwohl wir uns so viele Jahre nicht gesehen hatten. Wilhelm ließ mich rein und ich bin zu meinen Eltern ins Schlafzimmer, habe ihnen die Hand gegeben und gesagt: »Tach.« Das war alles. Solche Innigkeiten, wie sie heute in der Familie üblich sind, die kannten wir gar nicht. Und heute denke ich mir: Das darf doch nicht wahr sein!

Unser Transport zählte 1945 circa 2200 Personen. Übrig geblieben sind ein Drittel oder weniger. Ich war die Jüngste in unserem Lager gewesen und habe überlebt. Liesel, ein Mädchen, das im Rahmen eines Landjugendaustauschs bei meinen Eltern auf dem Hof gearbeitet hatte, war in Sibirien gestorben. Sie musste dort im Krankenhaus arbeiten und hat sich mit Typhus angesteckt. Ich bin nach meiner Rückkehr zu ihren Eltern gefahren, um ihnen davon zu erzählen. Da sagte die Tante zu mir: »Und warum sind Sie nicht gestorben, dann säße Liesel jetzt hier?« Das war für mich ein ziemlich großer Schlag.

Nach meiner Ankunft stellte der Arzt fest, dass ich fast nur aus Wasser bestand. Meine Eltern dachten erst, ich wäre schwanger. Denn ich hatte fast fünf Jahre lang vor allem Kohlsuppe gegessen. Die gab es dreimal täglich und da war vor allem Wasser drin. Mittags gab es noch einen Löffel Hirsebrei und ein Stück trockenes Brot. Ich habe dort erfahren, wie furchtbar es ist, wenn der Hunger einem den Schlaf raubt. Der Schwager meines Bruders war durch all das Wasser in seinem Körper an Herzversagen gestorben. Darum hat mich meine Schwester morgens immer zeitig aus dem Bett gejagt, damit ich nicht das gleiche Schicksal erleide. Doch noch lange danach fiel es mir schwer, morgens meine Augen zu öffnen – weil ich dachte, ich bin noch im Lager. Und irgendwann habe ich versucht, die Erfahrung von mir wegzuschieben. Die Russen hatten uns auch gesagt, dass wir niemals darüber sprechen sollen. »Dann landet ihr wieder hier«, hieß es damals. Wir mussten dort übrigens am antifaschistischen Unterricht teilnehmen. Dort hatte ich auch wieder Bestnoten. Als Entschädigung für die Zeit in Sibirien hatten wir 50 Mark erhalten. Doch ich beklage mich nicht, auch wenn das, was uns dort widerfahren ist, nie offiziell anerkannt wurde. Wir waren eine Wiedergutmachung. Schließlich hatten die Deutschen den Krieg angefangen. Natürlich hat es dann die Unschuldigen getroffen, aber ich habe mich damit abgefunden. Ich bin auch nicht verärgert deshalb.

Nachdem ich mich wieder eingelebt hatte, war ich weiter im Betrieb meiner Eltern tätig, bis ich nach Berlin zog und meinen Ehemann kennenlernte. Weil ich ein gewisses Talent hatte, hat mich eine Schneiderei eingestellt, obwohl ich nicht ausgebildet war. Doch als ich das erste Mal schwanger wurde, war es mit dem Schneidern vorbei. Mein Kreuz hat das nicht mehr mitgemacht. Eigentlich wollte ich nicht aufhören. »Wissen Sie, das ist das erste Mal, dass ich Geld verdiene«, habe ich zum Arzt gesagt. Und der hat mich krankgeschrieben, nachdem er meine Geschichte gehört hat. Mein Mann war danach sehr lange in der Lungenheilanstalt. Er verstarb 1969 – als meine Kinder 13, 11 und 5 Jahre alt waren.

Als meine Tochter noch klein war, habe ich im Handel angefangen. Erst zwölf Jahre bei Berlin Chemie und dann war ich zwölf Jahre beim Fernsehen – immer in Betriebsverkaufstellen, auch als leitende Angestellte. Da wäre mir später fast gekündigt worden, weil ich nicht in die Gesellschaft für Deutsch-Sowjetische Freundschaft eintreten wollte. In Rente gegangen bin ich 1987. Bis die Kinder groß waren, bin ich alleine gewesen. Dann war ich einmal eine Zeit lang auf Kur und meine Tochter hat für mich eine Kontaktanzeige in die Zeitung gesetzt. Was genau drin stand, weiß ich nicht. Doch bei meiner Rückkehr hat sie mir 28 Briefe von Männern gezeigt, die auf diese Annonce geantwortet hatten. »Mutti, du warst immer für uns da«, hat sie gesagt. »Und jetzt gehen wir aus dem Haus und da sollst du nicht einsam sein.« So habe ich meinen zweiten Mann kennengelernt, der mittlerweile ebenfalls verstorben ist. Jetzt lebe ich mit meinem Lebensgefährten zusammen. Heiraten wollte ich nicht noch einmal. Er hatte mir in einem Lokal einen Antrag stellen wollen, doch ich habe rechtzeitig Verdacht geschöpft und ihm gesagt, dass ich nicht noch einmal heiraten will. Da hatte ich mal Mut.

ಞ ⚜ ಞ

»Meine größte Priorität im Leben sind Familie und der Zusammenhalt«, sagt Frau Hempel abschließend. »Ich bin sehr stolz darauf, dass ich meine Kinder allein zu so ehrlichen und verantwortungsbewussten Menschen herangezogen habe.« Ihre Jugend, sagt die 89-Jährige, habe sie bescheiden gemacht. Ihr Lehrer hätte immer gesagt, sie müsse studieren, weil sie Grips und Schneid habe. »Der wurde mir in Sibirien genommen. Ich habe keine großen Ansprüche an mich gestellt. Wenn du so lange unterdrückt wirst, geht das wirklich in dich über.« Und das habe schließlich schon in ihrer Kindheit angefangen, weil ihr Vater ein außergewöhnlich strenger Mensch gewesen sei. »Ich habe mich eigentlich immer untergeordnet. Nie konnte ich mich richtig durchsetzen. Wollte ich auch gar nicht.« Wenn es auf der Arbeit Aufgaben zu übernehmen galt, die niemand erledigen wollte, wären diese immer an ihr hängengeblieben. Nie habe sie sich geweigert, immer habe sie alles gemacht. »Doch trotzdem bin ich stolz auf mich, dass ich alles gepackt habe.« Nach dem Tod ihres Mannes hat Erna Hempel ihren Führerschein gemacht, um am Wochenende mit den Kindern Ausflüge machen zu können. »Ich wollte den Kindern sowohl Mutter als auch Vater sein. Ich denke, ich hab alles richtig gemacht.« Die Rentnerin erinnert sich an eine Episode in Sibirien: »Im La-

ger damals hatte Liesel mir erzählt, dass unser Bürgermeister auch da ist. Der hatte die Kopfrose. Und dann bin ich ihm zufällig begegnet und sagte zu ihm: ›Wenn wir nach Hause kommen, dann wird gefeiert!‹ Und er entgegnete: ›Mädel, wo nimmst du nur den Mut her? Wir kommen nicht mehr nach Hause.‹ Da bekomme ich gleich wieder eine Gänsehaut. ›Natürlich kommen wir nach Hause!‹, habe ich damals noch protestiert.« Tatsächlich sei der Bürgermeister nie nach Hause gekommen. »Ich bin ein Mensch mit Durchhaltevermögen. ›Geht nicht, gibt's nicht‹, hat mein Vater immer gesagt. Diesen Rat würde ich gern weitergeben. Mein Sohn hat das auch als Aufkleber an seinem Auto.«

 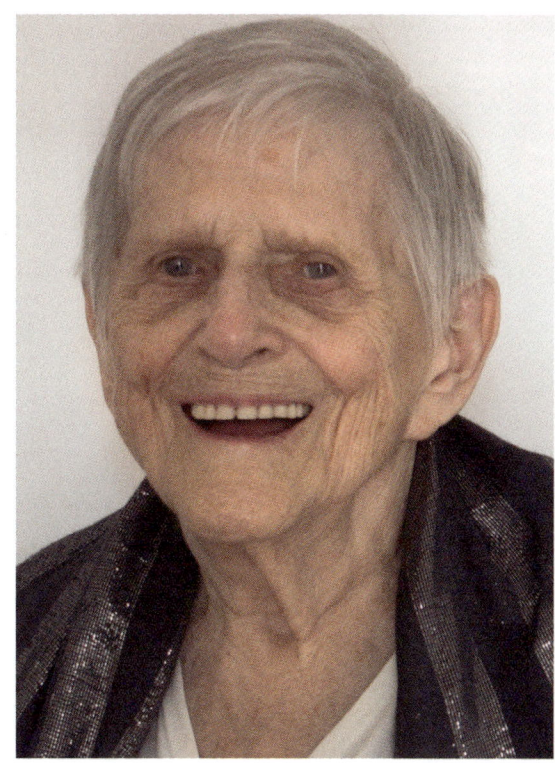

Optimismus

Irena Malawska-Patzer

»*Frage dich immer:*
›Was passiert wohl morgen?‹«

Mein letztes Gespräch für dieses Buch habe ich mit Frau Irena Malawska-Patzner geführt, die meist nur ihren ersten Nachnamen nennt. Unser Interview kam sehr spät zustande, da ich ihre Kontaktdaten verlegt hatte. Als ich letzten Endes in der betreuten Wohngemeinschaft anrief, teilte mir die Frau am anderen Ende der Leitung mit, die Seniorin habe sich bereits nach mir erkundigt und wollte wissen, ob ich noch vorbeikommen würde.

Frau Malawskas schmales Zimmer ist mit vielerlei Erinnerungen dekoriert. Kunst, religiöse Fertigungen, Fotografien … An der Wand hängt ein ganz in Blau gehaltenes Selbstporträt ihrer Tochter. Frau Malawska lebt in einer »sehr netten Wohngemeinschaft« mit unterschiedlichen Bewohnern, erzählt sie mir. Und dass sie hier sozusagen als die Mutti gelte – obwohl Oma passender wäre, findet die 91-Jährige. »Bald bin ich hier die Uroma, wenn das so weitergeht!«

Ich bin am 24. August 1926 im polnischen Bielsko-Biala geboren. Meine Mutter stammte aus Wien. Sie war einmal nach Krakau gereist, Polens ältester Stadt, und ist dort meinem Vater begegnet. Beide waren Bankangestellte. Mein Vater arbeitete in einer Filiale, die entweder in München oder in Wien ihren Hauptsitz hatte. Dort war er verantwortlich für Kredit. Als der Krieg anfing, war ich 13 Jahre alt und hatte gerade die Aufnahmeprüfung fürs Gymnasium abgelegt. Wenn ich dort mein Abitur gemacht hätte, hätte ich später an allen Universitäten Europas studieren können.

Wir waren nur zwölf Schüler in einer Klasse, die Schule war also sehr elitär. Dort habe ich auch Deutschunterricht genommen, obwohl ich zweisprachig erzogen wurde. Doch dann brach der Krieg aus. Wir lebten in einer Stadt mit Juden, Deutschen und Polen, die alle miteinander auskamen. Es gab keine Diskriminierung. Ich kam dann in eine deutsche Schule, in der ich die 6. Klasse wiederholen musste. Nach drei Monaten kam der Direktor und meinte, er werde mich wegen meiner Begabung in die 7. Klasse versetzen.

Dann sind Hitlers Schergen gegen Polen vorgegangen. Alte Menschen wurden in den Lagern umgebracht. Die polnische Intelligenz sollte ausradiert werden. Mich wollten sie eindeutschen. Ich bin nie Deutsche gewesen, ich bin Polin. Obwohl mir das niemals wichtig war. Ich sage immer: Schaue nicht auf das Aussehen, die Ausbildung oder den Beruf und schaue nicht auf die Hautfarbe. Schaue auf den Menschen. Das heißt, du musst alle Menschen achten. Die Nationalität oder die Religion oder der Familienstand spielen keine Rolle. Leben zwei Frauen oder zwei Männer zusammen, ist das ihre Sache. So bin ich erzogen worden.

Ich habe dann die Handelsschule absolviert und ein halbes Jahr lang für die Anker-Werke AG gearbeitet. Als der Krieg zu Ende war, wollten meine Eltern natürlich, dass ich weiterlerne, was ausgesprochen schwierig war. Wir hatten nach dem Krieg alle sehr zu leiden, bis die Amerikaner uns geholfen haben. Ich habe schließlich ein verkürztes Abitur absolviert. In dieser Zeit waren wir in den Ferien ab und zu tanzen. Da habe ich meinen Mann kennengelernt, der Internist war. Ich hatte damals schöne, schlanke Hände, die waren ihm aufgefallen. Er war 14 Jahre älter als ich und ich dachte mir so: Was will denn dieser Alte von mir? Wir haben getanzt und er hat mich im Anschluss nach Hause begleitet. Dort bat er meine Eltern, mich noch einmal besuchen zu dürfen. Die waren einverstanden, immerhin war er Arzt. Er hat danach nicht nachgelassen und so habe ich ihn mit der Zeit kennengelernt. Er war sehr humorvoll, intelligent und charmant. Ich war 28 Jahre lang mit ihm verheiratet. Doch habe ich ihn schon drei Monate nach unserer Hochzeit mit einer anderen Frau in unserem Ehebett erwischt, als ich einmal früher nach Hause kam. Das hat mich sehr getroffen. Ich hätte damals höchstwahrscheinlich sagen müssen, dass es aus ist. Aber ich habe ihn geliebt. Ich hatte mich verliebt und so habe ich 28 Jahre ausgehalten.

Meine Tochter kam in Stettin zur Welt. Nach dem Krieg mussten nämlich alle Ärzte aus Krakau zwei Jahre lang in den neu besetzten Gebieten arbeiten, bevor sie ihre Praxis eröffnen durften. Darum verbrachten wir zwei Jahre in Stettin. Als ich bereits 28 Jahre verheiratet war, war meine Tochter zwölf Jahre alt. Unser Dienstmädchen hat mit meinem Mann geschlafen und das meiner Tochter erzählt. Sie fragte mich dann: »Mutti, ist es wahr, dass Papa uns verlassen und Kasia heiraten will?« Gegen das Mädchen hatte ich nichts, nur gegen meinen Mann. Da habe ich gesagt: »Weißt du was, jetzt ist es zu viel des Guten!« Ich wollte nicht, dass er sich vielleicht noch an meiner Tochter vergeht oder dass sie ihr Zuhause verlässt, um seiner despotischen Art zu entkommen.

Es folgte eine ziemlich schwierige Zeit, in der mir meine Eltern sehr geholfen haben. Ich habe ein Fernstudium zur Weiterbildung gemacht. Durch meinen Abschluss an der Handelsschule bin ich Bankkauffrau. Weil ich aber auch reisen wollte, habe ich mich zur Reiseleiterin ausbilden lassen – damals ging das ja nur für die sozialistischen Länder, also Bulgarien, Rumänien, Tschechoslowakei und so weiter. Wenn meine Tochter Ferien hatte, hat sie die beim Vater verbracht und ich konnte in der Zeit arbeiten. Einmal habe ich als Dolmetscherin bei einem Kurzfilmfestival gearbeitet und dort einen Deutschen kennengelernt. Das war der Herr Patzner. Ich habe das Haus verkauft, das mir mein Ex-Mann überlassen hatte, und bin in die DDR ausgereist. Meine Tochter, die später an der Akademie der schönen Künste Grafik und Malerei studiert hat, ist in Polen geblieben. Sie hat zwei Kinder, die auch Kinder haben.

Mein zweiter Mann und ich hatten zehn sehr schöne Jahre miteinander. Aber mit der Zeit haben wir uns auseinandergelebt. Wir sind jedoch freundschaftlich auseinandergegangen. Das Leben ging weiter und ich konnte mit meiner Arbeit auskommen. Ich lebte alleine. Zwischendurch hatte ich noch eine kurze Affäre gehabt. Das hielt zwei bis drei Monate und dann war er wieder weg. Da habe ich mir gesagt: »Jetzt habe ich von der Sorte genug, jetzt bin ich alleine. Für mich.« Damit ging es mir sehr gut. Ich hatte meine Arbeit und meine Freundschaften. Wissen Sie, jemanden heiraten, nur um zu heiraten, das ist nichts für mich. Ich habe immer gesagt: »Ich heirate dann, wenn ich jemanden liebe!« Das ist meine Natur.

Mit dem Alter bin ich langsam erblindet – altersbedingte Makuladegeneration. Hinzu kam eine Anämie. Ich habe so lange alleine gelebt, wie es ging, doch dann bin ich zu Hause mit meinem Stock auf dem Linoleum in der Küche ausgerutscht und habe mir meine Hüfte gebrochen. Seither sitze ich im Rollstuhl. Zwar kann ich noch aufstehen und mich setzen. Doch ich bewege mich im Rollstuhl fort. Aber ich möchte endlich sterben, wissen Sie? Es ist Zeit zu gehen! Wie bei den Puhdys: »Wenn ein Mensch lange Zeit lebt, sagt die Welt, es ist Zeit.« Mein Vater hatte einen schönen Tod. Er hat sich morgens im Bett aufgesetzt und dann ist er einfach tot zusammengebrochen. So einen Tod wünsche ich mir auch: Einfach einschlafen und nicht mehr aufstehen. Aber da wünschen sich alle zwölf Bewohner hier genau dasselbe.

☙ ❦ ☙

Frau Malawska betont, wie nahe sie ihren Eltern war: »*Ich bin ihnen bis heute sehr dankbar.*« *Sie sei mit Disziplin, aber auch mit viel Liebe erzogen worden.* »*Das sind zwei Dinge, die ich immer weiterempfehle. Kinder brauchen Liebe. Jeder Mensch braucht Liebe.*« *Sie habe gelernt zu verzichten, erzählt die 90-Jährige außerdem.* »*Wenn mir etwas gefallen hat, meinte mein Vater:* ›*Das ist zu teuer. Wir könnten uns das zwar leisten, aber du musst lernen zu verzichten!*‹ *Das hat mir im Leben sehr geholfen.*« *Auch mal verzichten zu können, sei etwas sehr Gutes.* »*Dann sagt man sich:* »*Na und?! Dann habe ich es eben nicht! Und damit ist die Sache erledigt.*«

Ein weiterer Rat der Polin an sich selbst lautet: »Stell dich abends vor den Spiegel und frage dich: ›Wie hast du den Tag verbracht?‹« Wichtig sei, sich das Leben schönzudenken! »Denk an schöne Zeiten. Natürlich kann nicht immer alles gut gehen. Es gibt Hochs und Tiefs, Aufs und Abs. Bleibe trotzdem neugierig auf den nächsten Tag. Frage dich immer: ›Was passiert wohl morgen?‹« Pessimisten hätten es sehr schwer im Leben, denn die können ja nur schwarzsehen. Dabei sei die Welt doch schön, auch wenn der Mensch sie kaputt macht. »Und solange es Menschen gibt, die sich für alte Menschen interessieren, ist sie noch schöner! Heute war ich ganz aufgeregt, dass jemand kommt, um sich mit mir zu unterhalten.«